# 橙書店の本棚から

# これはわたしの物語

田尻久子

西日本新聞社

これは

わたしの物語

# 目次

# I 草木のように自生する棚があったなら

## II　橙書店の本棚から

# まえがき

子どもの頃から現在に至るまで、変わりなく続いている楽しみは本を読むことだ。いまでは楽しみだけでなく、営みにもなった。誰に促されたわけでもないが、読書だけは小さい頃から苦もなくできた。できるというより、もはや中毒かもしれない。出かけるときに本を持っていないと不安だから、バッグには常に一冊本が入っている。

読めるだけでいいと思っていたのに、書店をはじめてからは新聞や雑誌などから書評原稿を依頼されるようになった。気づけば結構な量がたまっていて、編集者の大河さんが一冊にまとめましょうよ、と言ってくださった。できあがったのは、本の紹介だけでなく、本にまつわる文章も集めた本。

ひとつひとつを書いているときはそんな意識はなかったのだが、改めて読むと、リレーのバトンをわたすような気持ちで書いていたのかもしれない。それを察してくださったのか、大河さんは「この本は若い人にも読んでほしいんですよ」としきりにおっしゃる。本著のタイトルには、その想いが込められている。「わたしの物語」を本のなかに見つけてほしいという想い。

子どもの頃、薄暗い灯りのもとで本を読んでいたとき、本の中は隠れ家だった。本を読む人の多くはそうではないだろうか。本の中にいれば安心、そこにいれば逃げ切れる。でも、逃避するだけの場所ではなかった。私はそこで言葉を受け取り、勇気づけられ、少しだけ強くなった。楽しむために読んでいたのだが（実際、大笑いしながら読む本もある）、結果としてそうなった。自分の言葉を獲得したのも、本のおかげだ。

もちろん、本以外のものからそれを受け取る人もいる。音楽や映画や、出会う人からだって受け取れる。それぞれの方法で受け取ればいい。ただ、本はお金がなくとも図書館に行けば借りられるし、どこにいても読めるし、ひとりで読める。だからつい、読んでみたらいまより少しだけ楽になったり、強くなったりするかもしれませんよ、とおせっかいを言いたくなる。とはいえ、いいことばかりではない。本を読むと想像力が鍛えられる。想像力が増す、ということは人の痛みに敏感になるということだ。人の痛みに気づきやすい人は心配事が増える。

それでも、人の痛みを見過ごすよりはずっといいと思ってくださる方は、バトンを受け取ってくださるとうれしいです。

装丁・装画・本文デザイン
鈴木千佳子

編集
大河久典

これは
わたしの
物語

# I

草木のように
自生する棚が
あったなら

# 本のある場所

いかにして本に出会ってきたかと考えたときに浮かぶ光景が三つある。小学校の図書室と移動図書館、そして祖父母の家の近所にあった商店街の小さな本屋だ。幼稚園は半年ほどしか通わせてもらえなかったし、家で絵本を読んでもらった記憶もない。それでも私が本に引き寄せられたのは、出会える場所があったからだ。

なぜだか拾った子猫を図書室に隠したことがある。いま思えば、図書室は自分の中で避難所として機能していたのかもしれない。そこに隠しておけば大丈夫、そう思ったに違いない。すぐに先生に見つかって叱られたので、大丈夫ではなかったが。

借りた本は、いくら気に入ったとしても返さなければならない。本を所有するのと借りて読むのとでは、どちらも楽しいが同じではない。誰にとってもそうだとは言えないが、読むという行為の何かが違っていると感じる。私は気に入った本を、それをたとえ読んでいないときでも、手元に置いて眺めて、撫《な》でさすりたかった。いつでも自由に読みたいときに開くために、持っていたかった。そして、その重さをしっかりと確かめたかった。だから、お年玉をもらうと祖父母の家の近所にある本屋に行って、たいして多くない棚を何往復もして本を1冊だけ選んだ。大人になってからの1冊と、子供の頃の1冊、それぞれの気持ちにおける重さは相当な違いがある。

小さなお客さんがお母さんに絵本を1冊買ってあげると言われて、棚の前に座り込み一人で静かに選んでいたことがあった。よく知っている男の子で、当時は5、6歳だっただろうか。お母さんがカウンターで話に夢中になっている間に、棚から1冊取り出しては読む、ということを繰り返し、とうとうすべての絵本を読んでしまった。しかし、しびれを切らしたお母さんに、決まった―？　と訊《き》かれると、選べないと当惑した顔を向けた。彼が最後に読んだ本は、見開きの頁が半分くらい文字で埋まっている、死をモチーフにしたものだった。彼にはまだ難しい気がしたので、全部読んだの？　と訊くと、読んだけど僕にはちょっと大人過ぎた、と真剣な面持ちで答えてくれた。

結局、彼は家に帰ってから母親にいちばん欲しい本のタイトルを伝え、後日買ってもらうことができた。もちろん最後に読んでいた本ではない。でも、買わなかったその本は、彼の心に何かしらの痕跡を残したことだろう。本を選ぶ場所があり、質量のある

〝もの〟として本が存在していなければ得ることのできない経験だ。彼はいまでは読書好きの小学生になった。夏休みの自由研究では絵本をつくり、学校の1分間スピーチではクラスのみんなに「読書すること」をおすすめしたそうだ。母親はテストで100点取るよりうれしい、と言ってその原稿をメールで送ってきてくれた。

子どもの頃に通った本屋はいまではなくなってしまった。そこだけでなく、昔からあった街の小さな本屋はどんどんなくなっていると聞く。けれども、新しくできた本屋もあるし、私自身も本屋になっている。喫茶店を営業するかたわら、隣の小さな場所を借りて書店をはじめたのは10年以上前のことだ。それまでは本屋になる気などさらさらなかったのに勢いだけではじめてしまい、思い立って1カ月ほどで店を開いていた。

地震を機に店を引っ越してからは、喫茶店と書店は同じフロアで営業している。いまとなっては、店を本と切り離すことはできない。人との縁を本だけが繋《つな》いでいるわけではないが、本が繋いだ縁が確実にある。

取次も通していない、迅速性も利便性もない書店で、在庫を抱えて常にぎりぎりの状態で営業している。その代わり、好きに本を選べるという自由を手にしている。その自由に未来があるのかどうかは、わからない。

いつか本屋はすべてなくなるのだろうか。もしなくなるとしたら、そのとき人はたくさんの別のものものなくしているだろう。でも、とりあえずいまは、ある。いまを手放さずにいれば、いまはいつか未来になるのかもしれない。

（ユリイカ臨時増刊号　２０１９・６）

# 本は絶滅しない

子どもの頃、百年というのは途方もない未来だと思っていた。ところがつい先だって50歳になり、百年というのは、自分をものさしにして計れなくもない未来であるということにようやく気がついた。日本が戦争に負けたのは70年以上前。これもまた遠い過去だと思って生きてきた。しかし、私が生まれたのはその24年後で、まだ誰もが戦争の記憶を生々しく持っていたに違いない。

百年後のことなんてわからない、と言ってしまえないのだ。百年後の未来はいまとつながっているから私たちと無関係などと言ってはいられない。

たとえば、50年の間に街の本屋さんはどう変わっただろうか。私の本屋の記憶はおそらく40年ほど前にはじまっている。祖父母の家の近く、商店街の片隅に本屋さんはあった。昔よく見かけたような店だ。入口は狭いがひらけていて、軒先に雑誌があり、たいして買い手のなさそうな文庫や単行本も少しは棚に並んでいる。専門書などはほとんどない。もしかしたら誰も触っていなくてうっすら埃《ほこり》がたまっている棚もあったかもしれない。あまり愛想のないオヤジさんがレジカウンターの向こうに座っている。そんな店だ。それでも、当時の私にとっては特別な場所だった。商店街の他の店のことはひとつも覚えていない。

その本屋さんはいつしか消えた。同じような街の本屋さんがいくつも消えた。そして、消えた本屋の記憶を抱えて自分が本屋になった。はたして、消えていった本屋と私の営む本屋にはどんな差異があるのだろうか。記憶の中の本屋のオヤジさんと同じく私も愛想がないが、お茶や食事も提供しているのでカウンターのお客さんとはよく話す。雑貨も取り扱っているし、ギャラリーも併設している。

本そのものは変わっただろうか。昔に比べると文字サイズが大きい本が増えたかもしれない。購買者の平均年齢が高いせいだろう。印刷技術の進化でリトルプレスは増え、体裁が自由になってきた。製本された後にグラシン紙でくるまれたり、ポスターを巻き付けられたり、あるいは、蛇腹になっている本があったりする。しかし、本そのものの佇《たたず》まいはさほど変化がない。

紙の本の姿にたいした変化はないが、それとは別に電子書籍が普及した。とはいえ、紙の本を購買する人の方がまだ多いそうだ。しかし、本屋に行かずにオンラインで購入する人が圧倒的に増えた。画面上にはおすすめの本が並び、それは手に取ることも匂《にお》いをかぐこともできないが、あなたが好きそうな本ですよ、と知らない誰かが言ってくる。でも私は、目の前にある本を実際に手に取り、ぱらぱらと頁を繰り目に付いた、たとえば、「それぞれが孤独を耐えなければならない母船と着陸船」（小川洋子／堀江敏幸著『あとは切手を、一枚貼るだけ』中央公論新社）という言葉に惹《ひ》きつけられて本を購入したい。そして、目の前にたしかに存在する質量を持った本を、手ずから選び購入したい人へ手わたしするために、本屋を営んでいる。いまのところ、かろうじて必要とされているようだ。

もしかしたら百年後、電子書籍すら必要なくなって、完全にバーチャルで、脳内で質量を感じながら本を読むことができるのかもしれない。埃をまとった本が棚につつましく並んでいる場所は、骨董品屋くらいしかなくなるのかもしれない。

もしくは、いま以上に、取り返しがつかないほどに森林が破壊されて、紙の本など贅《ぜい》沢《たく》すぎてつくれなくなるのかもしれない。

あるいは、人工知能を持った同居人と暮らすようになり、書物と同等のものを望むだけ与えてもらえるのかもしれない。

うちの店でいちばんたくさん本を買うお客さんが、こう言ったことがある。

紙の本はすごいですよ。何年、何十年経っても、同じように読める。電源も何もないところでも人間さえいれば読めるんです。

本屋を開いたときに、知人が営む骨董品屋で青い表紙の本を買った。表紙にも背表紙にも、花が描いてある。装丁の美しさに惹かれて、ろくに読めない英語で書かれているにもかかわらず購入した。ヘンリー・ワーズワース・ロングフェローの詩の本だ。家に帰ってぱらぱらとめくると、手書きで見知らぬ人の名前ときっちり百年前の日付が書き込んであった。百年前に誰かの大切な蔵書だったものが、ちょうど百年後に本屋を開こうとしている私の手元にやってきた。その偶然なのか必然なのかわからない出来事に、少し祝福されているような気分になった。

いま、目の前に本を読んでいる人がいる。本を読んでいる姿というのは、見ていて気持ちが良い。ちなみに、読んでいる人が特に美しいというわけではない。ただの中年のおっさんだ。私が生きてきた50年のあいだ、読む人の姿は変わらず身近にあった。

百年後、街の本屋さんの姿は変わるのかもしれないし、消滅するのかもしれない。でも、人が本を読んでいる姿の美しさというのは、どんな形であれ、存在するのではないだろうか。

（アステイオン　2019・12）

# いつも通り

「く・も・まっ・か・しゅっ・け・つ」

淡々とした声が耳に飛び込んで、「くも膜下出血？」と思わず振り返りそうになった。前方から歩いて来た少年とお母さんがしりとりをしていて、それまでは、たとえば「たぬき」とか「りんご」とか、聞いてるそばから忘れてしまうような単語を発していた。しかし、すれ違いざまに、親子でしりとりをしているときには出てこないような単語が聞こえたので驚いた。少年は平然と「つ、つ……」と次なる言葉を探している。なんだかおかしくなって、ひとりでニヤニヤしてしまった。

最近は新型コロナウィルスの影響で閉塞感がただよっている。私の営む書店兼喫茶店でも話題はそのことばかり。ライブイベントは見送りになるし、遠来のお客さんが減ったので店の売上げも減少している。衛生管理に神経をとがらせるあまり手はあかぎれだらけ。ストレスのせいか、円形脱毛症になってしまった。数日前はちゃんと髪があったのに、まるっと一部分だけない。人生いくつになっても初体験というのはあるものだ。

親子とすれ違ったのは平日の午前中だった。小学校が感染防止のため臨時休校となったからだろうが、非日常のなかでも彼らは平然としているように見えた。近所の公園でも子どもたちが楽しそうに走り回っている。見習ってなるべくいつも通りの心持ち、そう自分に言い聞かせた。頭皮に「まる」があるくらい、生活にはまったく支障がない。

先日、土方《ひじかた》正志さんの『瓦礫《がれき》から本を生む』（河出文庫）という本が送られてきた。土方さんは東北の出版社・荒蝦夷《あらえみし》の代表で、東日本大震災での被災の体験を〝本をめぐる物語〟として綴《つづ》った『震災編集者』（河出書房新社）という本の著者なのだが、この本が加筆され文庫版となったものを送ってくださったのだ。地震のとき、土方さんの自宅マンションは全壊し、事務所のあるマンションはなんとか無事だったものの、本棚は倒れ、パソコンは宙を飛び足の踏み場もなかった。ライフラインも通信も途絶、食糧不足に燃料不足。一時は会社の解散も考えたという。その土方さんを奮い立たせたのは、被災者たちと、遠くからとどく声援だった。

私は熊本地震がきっかけで土方さんと出会った。

熊本地震から1カ月ほど経ったころ、石牟礼《いしむれ》道子さんのお見舞いにいらした池澤夏樹さんが店にも寄ってくださり、「これお見舞い」と言って、本をたくさんくださった。すべて災害にまつわる本で、土方さんの『震災編集者』という本だけは何冊か入れてあり、「友人が書いた本です。1冊は読んで、残りは店頭に並べてください」とおっしゃった。

そのまた1カ月後、そのことを知らずに土方さんが店を訪れた。平台に並べた『震災編集者』を見つけて、うれしいとおっしゃる。事情を伝えるとさらに喜ばれた。まさか読んだ直後にお会いできるとは思っていなかったので、私もうれしかった。土方さんたちの「被災」は続いているはずなのに、はるばる熊本まで来てくださった。本を間にはさみ、初対面なのに、互いに見知った相手と話すように会話をした。

後日、雑誌の企画で往復書簡を交わすことになったのだが、受け取った手紙には「互いの経験を、紙に乗せて言葉の力を信じて次の被災地へ伝えられればと、そう願っています」と記してあった。

「地震の頃を思い出す」と、コロナ禍がはじまってからお客さんがよくおっしゃる。私もそう感じていたところに、土方さんの本がまたもや届き、遠くに住む友人と再会したような気持ちで本を開いた。

地震のとき、お客さんが口をそろえて言っていたことがある。

本を読んだり、おいしい珈琲を飲んだりとかしなくても生きていけるんだけど、そういうことをできたときに、やっと日常に戻れたという気持ちになるよね。

人はだれしも隙間の時間が必要だ。それと笑うこと。

熊本地震を体験したとき、古い借家に住んでいた。同じ敷地内にあと2軒家があり、大家さんとその娘さんがそれぞれに住んでいた。本震で揺れたときはみんな大慌てで外に飛び出して、3軒のちょうど真ん中に立つ、さほど大きくもない木の根元で身を寄せ合っていた。真夜中だった。死ぬのかもしれないな、と人生で初めて本気で思った直後のことだった。途方に暮れて怯《おび》えていたのだが、娘さんの一言で緊張が解けた。

おしっこしたくなっちゃった、畑でしてこようっと。

断水でトイレが使えなくなっていたのだが、緊張していたからだろうか、やたらと尿意を催した。敷地内に大家さんのつくった小さい畑があって、そこは道路からは死角になっているし、停電していて真っ暗だから見られる心配もない。「私もしたくなっちゃった、いいですか?」と言うと「どうぞどうぞ」と笑っておっしゃった。大家さんは男性なので、慌てて少し離れた場所へと移動された。

「土があるって便利、すっきりしましたー」

「いつでも、使ってくださいねー」

笑い合っているとすかさず余震が来るのだが、笑ったあとはさっきより怖くなかった。

（文學界　２０２０・５）

# 手わたす

「店に若い人は来るの？」と渡辺京二さんに訊かれたことがある。私が営む店の経営を心配しているので、そんなことをおっしゃるのだ。

「若い人も来ますよ」と答えると、渡辺さんは満足そうに「そうかそうか」と相槌《あいづち》を打つ。そして「オルグしなさいよ」と言う。「オルグって知ってるか？」とニヤッと笑う。もちろん冗談だ。うちは組合でも組織でもない、ただの書店だ。ただの書店だが、渡辺さんにそそのかされて、幾人かの仲間と『アルテリ』という小さな文芸誌もつくっている。その創刊号の巻頭言に「四十代の若い女性が中心になって、熊本にささやかな文芸誌が生れる」と渡辺さんは書いた。数年が経ち、私は50代になったが、卒寿を迎えた渡辺さんからしたらそれでも若いということになるのだろう。

若い頃は、自分より若い人たちと話すのはどちらかというと疎《うと》ましかった。自分たちも疎まれている存在だとはもちろん気づかない。でも、ようやく最近、年を重ねた者は若い人たちへ何かしらの義務があるという漠然とした気持ちが芽生えてきた。店に若い人は来るか、という問いかけは店の心配だけではないのだと気がついた。

店を訪れた大学生から、「小学生の頃から店に来ていました」と言われたことがある。最初はお母さんに連れられて来たそうだ。高校生になってからは一人で来ていたと言う。いまは熊本に住んでいないので、ずいぶん久しぶりに来たのだとおっしゃった。地震の直後に店を引っ越したのだが、移転後の店舗には初めていらしたようで、「無事、引っ越されてよかったです」と彼女は言い、話しているうちにうっすらと瞳に涙が浮かんできたのを見た私はうろたえた。名前も知らないお客さんだというのに、そんなに心配してくださっていたのかと驚いた。

彼女は赤いシルクの糸で編んだネックレスをしていた。見覚えのあるネックレス。それは以前店で売っていたもので、アクセサリー作家になった元スタッフがつくったものだった。当時の自分にとっては贅沢なものだったのだが、すごく欲しくて、思い切って購入したのだと教えてくれた。

高校生の頃はお金がなくてあまり本を買えなかったと言いながら、その日は『映画館』という写真集を買ってくださった。店をやめなくてよかったと思える出来事のひとつだ。この記憶は、彼女の瞳に涙が浮かんだ瞬間のおぼろげな映像と一緒にしまわれている。

それからさらに2年ほど経った頃、彼女と再会することができた。福岡で開催されている「ブックオカ」という本のイベントにゲストとして呼んでいただいたのだが、会場がカフェを併設する本屋さんで、彼女はそこのスタッフだった。

トークが終わると「覚えてらっしゃらないと思うんですけど……」と声をかけてくださった。人の顔を覚えるのが苦手なのだが、「熊本に住んでいたときに、小学生の頃から店に通っていました」と言われてすぐに記憶がつながった。

子どもの頃から本が好きだった女の子が大人になって本屋で働くようになる。それは、めずらしくもないことかもしれない。彼女はまだ学生かもしれないし、ほんとうにやりたいことを探している途中かもしれない。でも、そんなことはどちらでもよくて、彼女が書店という場所や本から、何らかの影響を受けたと知れてうれしかった。

子どもの頃に私の背中を後押ししてくれるような大人は周りにいなかったが、本や音楽や映画が代わりを果たしてくれた。でも、その背後には必ず、それらを世に送り出してくれた人々がおり、それらの音や言葉を引き出すのは、日々を営む大衆の声だ。だから大人は、向かう方向を間違わないよう、子どもの視線を気にして生きていかなければならないのだと思う。
渡辺さんに冗談半分に尋ねられて、オルグしてますよ、と私も笑って返す。もちろん、どこにも勧誘などしていない。でも、冗談を私なりに解釈して、できれば本を読んでほしいと若い人たちに言う。自分で考えることの手助けになるかもしれないよ、とそっと伝える。私にできることはそれぐらいしかないから。

（文藝春秋　２０２０・４）

# 書店からはじまるフェミニズム

店というのは生きものにも似て、営んでいるうちに変化する。時代や営む側の意識で扱う商品が変わっていくし、引っ越しなどの物理的変化が起きることもある。

書店をはじめたとき、植物が自生するような棚になればいいなと思っていた。選書するのは私ひとりだが、お客さんとの対話や読む本、見る映画、聴く音楽……日々の営みが読むべき本の幅を広げてくれる。鳥が運んでくる花の種のようなものだ。

以前より格段に読む冊数が増えたのが、フェミニズムに関する本。必然的に、店の書棚でも増えている。おそらく刊行点数も増えているし、読者への間口が広い、とっつきやすい本も増えた。近頃、お客さんによくおすすめしているのは、藤本和子さんの聞き書きの書『ブルースだってただの唄』（ちくま文庫）や松田青子《あおこ》さんの小説。ベル・フックスの『フェミニズムはみんなのもの　情熱の政治学』（エトセトラブックス）も入門書としてすすめたりする。

論考だけでなく、小説を読んでいてもフェミニズムの問題が内在する物語が増えたように思う。あるいは、フェミニズムについてより考えがおよぶようになったから、気づくようになったとも言えるかもしれない。

人々の関心がフェミニズムに向かうようになったからといって、社会が激変したかというと、そんなことはない。社会的弱者は弱者のままだし、女性蔑視の発言も相次いでいる。でも、わたしたちはくじけるわけにはいかないので、いろんな人が考えに考えて言語化した思考を読みながら、自分の考えを強化する。

お客さんがフェミニズムに関する本を手に取ることも増えたように思う。残念ながら関心が薄いように見えるのが50代以降の男性。でも幸い、若いお客さんは性別に関係なく買ってくださる。そのことにとても希望を感じる。お会計のときに、うれしくて思わず余計なことを言いそうになるが、おばちゃんのお節介はやめようと思いとどまる。

石牟礼道子さんの著作で、天草・島原の乱を描いた『春の城』（藤原書店）の一場面。島原城にたてこもり、幕府軍を迎え討つ準備をしている一揆勢が大寄合をしているなか、ある女の声が空にあがる。

女《おな》ごも働き申すぞ

私たちは性別に関係なく、ひとりひとり力を持っている。本が、その力を誰かに封印させないための手助けになることもあると信じて並べている。

（シモーヌ　2021・11）

# 新しい場所

私はいままで、誰かの娘で誰かの彼女で、誰かの母でしかなかった。

ドキュメンタリー映画の中で、若くして妊娠し、のちに夫とも離れて暮らすことになったシングルマザーの女性が言っていた言葉だ。もとは英語だし、うろ覚えの記憶なので、言い回しはちょっと違うかもしれない。

暴力が原因で夫と別れた彼女は、高校のスクールカウンセラーになる勉強をはじめていて、「誰か」の何かではなく、初めて自分自身であろうとしていた。

その場面を見て思い出した。郊外のショッピングモールに行ったときのことだ。滅多に行かない場所なので、どこに何があるかさっぱりわからず右往左往しているうちにトイレに行きたくなった。やっと見つけたトイレの入り口で、小さな女の子を連れたお母さんとすれ違った。お母さんは子どもを怒鳴りつけ、女の子は号泣していた。瞬時に、いやだな、と思った。でも、いやだな、と思った自分にすぐに嫌気がさした。

「いやだな」と思った自分は、女の子の気持ちになっていた。もしくは、ただ単に子どもが怒鳴られている場面を見たくなかったのだろう。

でも母親には、様々な問題があるのかもしれない。夫がともに子育てをしてくれなくて、ストレスがたまっているのかもしれない。心の状態が不安定なのかもしれない。自身の親から十分に愛情をかけられた経験がないのかもしれない。シングルマザーで、経済的にも精神的にも余裕がないのかもしれない。数々の「かもしれない」を考えていると、彼女の背後にたくさんの困り果てた女たちが折り重なって見えてくる。


最近、気づいたことがある。私は幼いときに自分自身に性差別をしていた。

私は四人きょうだいの三女で、弟がいる。弟が先に生まれていれば私はいなかった、あるいは私が男に生まれていれば弟は生まれていなかった。どちらが遺伝子学的に正しいのかわからないが、そう思っていた。思わされていた、の方が正しいかもしれない。子どもが自分でその考えに行き着くとは思えないから。

ある意味、周囲の大人がそう思っていたのだとしたら、それが家父長制においての真実だとも言える。もっと言えば、先に生まれたきょうだいが一人でも男であったなら、私の存在そのものが消えていたのかもしれない。私が生まれたのはそういう時代だった。

私の母は、私が中学生のときに子どもを置いて家を飛び出した。それから私たちきょうだいは祖父母の家で暮らすようになった。もちろん、困ったことも多々あったが、おかげで家父長制という呪縛からは早いうちに解き放たれた。母が自立した女であったなら、他の選択肢や解決方法があったはずだと気がついたからだ。

だから私は自立した人間になりたいと切に願ったし、連れ合いとは対等に互いを支え合いたいと思い、そうしてきたつもりだ。

誰が導いてくれたわけでもないが、おそらく本が気づかせてくれた。本の中には、身も心も自立した女がいる。社会が押し付けてくる「女」のイメージをふりはらい、自分の頭で思考する女たちに本の中で出会った。本がなかったら、私はいまだちぢこまっていたのかもしれない。

幸いにして、店をはじめてからは、本のなかで力を与えてくれたような女たちに、実生活でも巡り会えている。

ある日、カウンターでお客さんたちと、連れ合いのことを対外的になんと呼ぶかという話をしていた。女性たちはみんな「女に家って書くから、嫁っていう漢字きらい」とか「奥さんもやだよ、だって奥に居ろってことでしょ」とか、「家内なんて家の中だよ、外行くし」とか言いはじめた。

男性たちは、「かみさんはだめなの？　上さんでしょ」などと言って困っている。妻と夫が無難でしょ、と意見がまとまったが、「〇〇さんの妻さん」とは言いにくい。英語だと「my wife」に「your wife」と使い勝手がいいが、日本語だと微妙だ。「妻さん」「夫さん」も、使っていけば慣れるのだろうか。英語圏だったらパートナーって言い方もあるから、連れ合いでいいんじゃないのと提案すると、言い慣れないと言う人が多い。

言葉の成り立ちにおいて、女性を対等に扱う気持ちがあれば、もっと違う呼称が生まれていたのではないかと思う。夫の呼び名には「旦那」や「主人」があるが、どれも相手をたてまつるような言葉だ。互いを呼び合うのに、おとしめる必要もたてまつる必要もないのに。


そのうちに、「ぼくのおばさんは、自分のことを表さんって言ったことがあるよ」と言い出した人がいた。彼が子どもの頃、親戚の家に遊びに行っているときに電話がかかってきたという。おばさんは受話器に向かってこう言ったそうだ。

うちには、奥さんはおりまっせん。

そして、電話を切って振り向くと、「表さんたいね」と言ったという。おそらくセールスの電話かなんかで、「奥さんでいらっしゃいますか」などと言われたのだろう。

かっこいいー。

女性たちから一斉に声がもれた。ちなみに彼女には夫がいるが、「ご主人は？」と訊かれても同様に「うちには主人はおりまっせん」と言うそうだ。その後には「犬じゃなか」という言葉が続く。

ちなみにその女性は、現在80代。そういう人が近くにいたおかげで、その話をしてくれた彼にもフェミニズムの思想がしっかりと根付いている。彼女のことが気になり、いろいろと訊いてみると、彼女にはそう言い切る根拠があった。

彼女は台湾生まれで、幼い頃に日本に戻って来たそうだ。

のちに彼女は小学校の教師となる。１９７０年代には部落解放運動と出会い、識字学級で文字を教えることとなった。識字学級に来るのは、おもに文字を持たない女性たちだったという。彼女が教えていた女性たちは、部落差別と性差別という二重差別に苦しんでいたはずだ。文字を持つ、ということは身を守るひとつの武器になる。持たないことは、差別をさらに助長させる。彼女は女性たちが奪われてきた言葉を取り戻す仕事をしてきた人だった。

おなごが勉強してどがんすっとか。

そう言われていた時代があった。私は幸い言われたことはないが、その時代が遠くない頃に生まれたから、その気配はわかる。作家の石牟礼道子さんは、自伝『葭《よし》の渚』（藤原書店）でこう書いている。

今はどうなのか分からないけれども、そのころの村落では、女性が字を書いたり読んだりするのは、罪悪視されていた。

「あそこの嫁御《よめご》は女のくせ、朝っぱらから新聞広げて読みよらす。よっぽど暇人《ひまじん》ばい」

夫である弘さんの理解もあったろうが、村人たちの視線に屈することなく文学を求める気持ちが彼女になかったなら、『苦海浄土』が生まれることはなかった。あるいは、村人たちの視線もまた、彼女の文学が生まれる要因であっただろう。彼女をより生きづらくさせるものが、彼女を文学へと向かわせただろうから。

「フェミニズム」という言葉を使うと怖がる学生がいる、と大学で教えているお客さんが言っていた。「フェミニスト」とは「怒っている女の人たち」という認識なのだろうか。「フェミニズム」がなんであるか知る機会がなかったのだな、と残念に思う。あなたたちが当たり前のように大学で勉強できるのも、選挙権があるのも、避妊をする権利があるのも、平等を訴えた人たちがいたからなのに。

そんなこともきちんと教えてもらえないなんて、さすが、男女格差を計るジェンダー・ギャップ指数が153カ国中121位（2020年現在）の国だなと思う。順位は上がるどころか、下がっているそうだ。日本はどんどん置いてけぼりだ。

フェミニズムのはじまりは女性解放思想であったが、いまではもっと広い意味で使われている。女だけのものではないし、女と男だけのものでもない。ましてや、男が敵というわけでもない。男性だって性差別にあっているし、女性もLGBTQ当事者も性差別をする人はいる。私だって、意識せずにやっている可能性がある。

アフリカ系アメリカ人でフェミニストであるベル・フックスは自著『フェミニズムはみんなのもの　情熱の政治学』（エトセトラブックス）の中で、フェミニズムとは、「性差別をなくし、性差別的な搾取や抑圧をなくす運動」だと定義する。そして「フェミニズムがめざすのは、支配をなくし、自由にあるがままの自分になること――正義を愛し、平和な人生を生きられるように、わたしたちを解き放つことである。だからこそ、フェミニズムはみんなのものなのだ」と語る。

性別がなんであっても、年齢がいくつであっても、すぐに実行可能なのがフェミニズムではないだろうか。もしも小さな男の子が「○○くんのしゃべりかた、女の子みたーい」といじめられていたとする。そこで、「誰でも好きなしゃべりかたをしていいんだよ」とかばってあげられる子どもがいたら、その子どもはりっぱなフェミニストだ。

男の人だって、威張ることが得意じゃない人もいるし、家事が得意な人もいる。パートナーと暮らしているのであれば、仕事も家事も二人でやったほうが楽ちんだ。どちらかに思いがけないことが起きても不安は半分ですむ。もちろん、どちらか一方が専業で家事をやってもかまわない。ただそれを女性に限らないでほしいし、互いに了解したうえで決めてほしい。私たちは男を敵とみなしたいのではなく、ともに生きたいのだ。

権威なんて手放せば楽ですよ、と家父長制を望む男性に言ってみたい。フェミニズムは怖くないですよ、と。あなたは誰かに支配されたいですか？　と。

惜しくも、2020年9月に87歳で亡くなったルース・ベイダー・ギンズバーグは、1993年に指名されてから死去するまで27年間にわたってアメリカ合衆国最高裁判事であり続け、女性やマイノリティの権利向上に努めてきた。彼女の人生を追ったドキュメンタリー映画の中で、「男性の皆さん、私たちを踏みつけるその足をどけて」と彼女が言うのだが、もとは、アメリカの奴隷制度廃止論者の言葉に由来するという。

代々の女たちの言葉は、しばしば引用され、口承されていく。そうしていくうちに、誰の言葉でもなくなり、言霊となり、わたしたちのお守りになる。最終的に、口にする必要がなくなればいいけれど。

女性が何かを成し遂げたときに、「ガラスの天井が割れた」という表現が使われることがあるが、いったいガラスの天井は何枚あるのだろう。あまたの女性が割ってくれたが、まだ何枚もあるみたい。それとも、ガラスの天井をせっせとはめなおす人がいるのだろうか。女子サッカー界のレジェンドと言われ、同性婚をしているアビー・ワンバックは、自著『わたしはオオカミ』（海と月社）の中で、黒人女性の映画監督として初めてアカデミー賞作品賞にノミネートされたエイヴァ・デュヴァーネイの次の言葉を引用している。

ガラスの天井について言えば……わたしは、わたしを入れたくないと思っている家のドアを壊すことには興味がありません。それより、自分の家を建てることに惹かれます。

もう古い家はほっといて、新しい場所をつくればいいのだ。当たり前すぎて意識していなかったけど、世界の半数近くの人間は女性だ。みんながいやだと思えば抗《あらが》えないはずがない。

女性初の、さらに南アジア系アメリカ人かつ黒人女性として初のアメリカ合衆国副大統領となったカマラ・ハリスは勝利演説でこう言った。

私が最初の女性の副大統領になるかもしれませんが、最後ではありません。なぜならば、全ての小さな女の子たちは今夜の光景を見て、この国は可能性に満ちた国であるということを知るからです。

スピーチそのものよりも、彼女を見つめる少女たちのまなざしを忘れてはいけないと思った。私たちも、かつての女たちのように、次の世代に「新しい場所」を手わたさなければならないから。

（アルテリ　2021・2）

# 国境を越える蝶

翻訳文学は読みにくいという人がいる。

本屋を営んでいるので、お客さんに「翻訳物は苦手」と言われたときは、翻訳者には上手《うま》い人もいればそうでない人もいますよ、と言うことにしている。最初の1冊で相性の悪い翻訳に出会って、読まず嫌いになる人がいるからだ。何かおすすめありますかと訊かれた場合は、まずは読みやすいものをおすすめする。中には次々と読み進め、とうとう翻訳文学ばかり読むようになった人もいた。

登場人物の名前がカタカナで覚えられない、という人もいる。私も記憶力には自信がなく、カタカナでなくとも登場人物が増えてくると難儀するのだが、あるお客さんから画期的な方法を教えてもらった。各登場人物が最初に出てきた頁とその名前を、見返しの部分に書いておくというのだ。なるほど、それならば誰が誰だかいつでも確かめられるではないか。

あるいは、翻訳は結局のところ原作と同一とは言えないからあまり読む気がしない、という人もいる。この場合は、説得するのがなかなか難しい。

日本文学が好きだという、おそらくはアメリカ国籍のお客さんがいらしたことがある。誰がお好きですか、と尋ねると「中上健次と多和田葉子」とおっしゃった。そして、私が読んだことのない中上健次のエッセイをすすめられた。彼と話していて、英語圏で暮らすあなたに中上健次の何がわかる？　などと思った記憶は一切ない。それどころか、彼がすすめる日本文学を読んでみたいと思った。

複数の国で同じ作品が同様に素晴らしいと言われていることを考えれば、たとえ翻訳作品であったとしても、核心においては損なわれていないと言えるのではないか。『星の王子さま』が何カ国語で翻訳されているのか知らないが、その内容への共感は国境を越えているだろう。

私は自信を持って翻訳文学をおすすめしている。翻訳物には「当たり」が多いと思っている。他国で刊行されている時点で、その本にはすでに多くの読者がいるはずだから。

小学生の頃は、なぜか翻訳文学ばかり読んでいた。怪盗ルパンシリーズが好きで、なかでも『奇巌城』がお気に入りだった。たぶん、ちょっとルパンに恋をしていた。それから、世界文学全集。濃いピンクの表紙のものと、緑色の表紙のものと2種類あったように記憶している。『赤毛のアン』に『にんじん』に『レ・ミゼラブル』……片っ端から図書館で借りて読んだ。病気で学校を休んで読んだ『赤と黒』は、熱のせいかちっとも頭に入らなかったけど。

いまでも読む本の半数以上が翻訳文学だ。営んでいる書店でも幅を利かせている。翻訳文学の割合が多いとよく言われるのだが、いろんな国の外国文学が翻訳されているのだから、そうなるのが自然だと思っている。

日本人でよかったと思うことは滅多にないが、翻訳文学を読んでいるときは、つくづくとそう思う。こんな小さな島国にありとあらゆる言語を訳してくださる翻訳者が存在する。私は日本語でしか本が読めない。彼らがいなかったらと想像しただけで悲しい。そして、感謝の念が押し寄せてくる。

先日、『アコーディオン弾きの息子』（新潮社）という本を読んだ。著者は、スペイン・バスク地方のギプスコア県生まれのベルナルド・アチャガ。彼はバスク語という少数言語の書き手で、より多くの読者に作品を届けるためにバスク語で刊行した本を、主に妻との共訳で、みずからスペイン語に翻訳するようになったという。

日本での翻訳者は金子奈美さんで、重訳ではなく、バスク語版を底本に翻訳をされている。しかも、スペイン語版における変更点のなかでも、作者が作品をよりよいものにするために加えたと明らかに判断できる箇所については、訳文に反映させたのだという。なんと、至れり尽くせりな翻訳だろう。

バスクからカリフォルニア州への移住者である主人公・ダビのもとに、幼なじみのヨシェバが訪ねてくるところから物語ははじまる。ダビは患っており、再会してまもなく死んでしまうのだが、ヨシエバがバスクへと帰る前日、ダビの妻は「アコーディオン弾きの息子」と題された夫の回想録をヨシェバにわたす。その私家版の回想録はバスク語で書かれており、彼女には読むことができない。作家であるヨシェバは、親友が遺した言葉を元に、彼らの少年時代から故郷の物語をつむぎなおしていく。それは、スペイン内戦から民族解放運動までの、激動の時代であったバスクの真の姿でもあった。

読みながら、原語であるバスク語に思いを馳《は》せた。ダビは子どもたちと一緒に、消えゆくバスク語の墓をつくる。小さく巻かれた紙に言葉を書いて、マッチ箱に入れて埋葬するのだ。

たとえば、ダビやヨシェバが蝶を指すのに使った言葉。

Mitxirrika（ミチリカ）。

バスク語は、衰退の一途を辿り、消滅すら予言されていたそうだが、訳者あとがきによると、バスク全体の人口の約3割に相当する百万人近くにまで話者数を増やしつつあるという。そのような少数言語で書かれた小説を、私たちは日本語で読める。なんとありがたいことかと思う。

私はこれから先、蝶を見た瞬間に「ミチリカ」という響きを思い出すだろう。

（交流する文学　2021・3）

# ことばの記憶

「むぞらしか」ってどんな意味かわかる？　と県外の人に訊くとたいていの人はわからないと答える。熊本弁で、かわいらしいとか愛らしいという意味だ。「むぞか」が可愛いという意味で、地域によっては「もぞか」になる。耳で聞くと、「む」と「も」の間のようにも聞こえる。祖母が話すときは「もぞらしか」と聞こえた。

私は県外で暮らしたことがなく、熊本弁が飛び交うなかで成長し大人になった。それなのに、私は熊本弁が好きではなかった。父や母の話す言葉が粗野に聞こえたからだ。中学生のときに母が家を出たので、住んでいた団地に父を残し、それからはきょうだいと祖父母の家で暮らした。年寄りと暮らし、家の中にはますます熊本弁が満ちるようになったが、社会に出てからは年配の人と話すとき以外は熊本弁を使わなくなっていった。

石牟礼道子さんの本には土地の言葉が頻繁に出てくる。石牟礼さんは熊本でも南のほう、海に近い場所で生まれ育っているのだが、その言葉は私が耳にしていたものより少し柔らかく、耳に優しく響く。たとえば、『苦海浄土』（講談社文庫）の登場人物ゆきの語り。

　ボラもなあ、あやつたちもあの魚どもも、タコどももももぞか（可愛い）とばい。

ゆきは水俣病患者となる前、夫婦船で漁をしていた。「う、海の上、は、ほ、ほん、に、よかった」と全身痙攣《けいれん》のために揺れつづける身体で、途切れ途切れに話す。読んでいるときに話し言葉が出てくると、私は小さな声で音読してみる。祖母の話し言葉を脳内で再生して、音の上がり下がりをまねする。声に出すことで、彼らの生《せい》がよりいきいきと立ち上がる気がしてくる。

同じ熊本県でも、たしかに内陸部と北や南では少し言葉が違うだろう。とはいえ、石牟礼さんの本を読んで柔らかいと感じたのは地域の問題ではないのかもしれない。私の育った家では、夫婦のもめごとが絶えなかった。家の中が殺伐とすると、同じ方言を使っていても言葉はとげとげしい。せからしか、なんばしよっとか、そんな言葉が強い口調で飛び交い、言葉以外まで飛ぶこともあり、私を熊本弁から遠ざけた。

しかし石牟礼さんの本を読みはじめてからは、とげとげしい言葉は遠のき、柔らかな言葉の記憶が近づいた。具合が悪いときに気遣う母の声や、認知症になった祖母の問いかけ。家族はばらばらになってしまったが、愛情が場を満たした瞬間というのは、たしかにあった。私はいまでは、熊本弁が嫌いではない。

（母のひろば　2020・3）

# 愛することを忘れそうになったときに読む本

『歳月』

茨木のり子

自分以外にあてられたラブレターは、ほんとうならば見てはいけないだろう。

茨木のり子さんは、生前「Y」と書かれた箱を所有していた。Yとは、夫・三浦さんのイニシャル。中には、夫の死後、31年の長い歳月の間に書かれた40篇近い詩が入っていた。一種のラブレターのようなものだからと、彼女がこの世にさよならするまでは封印されていた。それらの詩をまとめた詩集が『歳月』。

四十も過ぎると、死が身近になる。祖父母を見送り、父母が老い、父が逝《い》き、友人だって病気になる。自分の身体にもガタがくる。まだまだ先が長いと思う反面、自分だって明日そうなるかも、と覚悟する。愛する人たちとの別れを想像しはじめる。

でも、それは肉体的な別れに過ぎないのかもしれない。詩の中で彼女は、夫の気配に身を浸し、彼の細部を反芻《はんすう》し、交わりさえする。「いつでも取りだせるほど鮮やかに／形を成してくる／あなたの部分」というほどに、その存在は色濃い。頁を繰るたびに知らなかった茨木のり子が現れてどぎまぎする。詩人というより、一人の女がそこにいる。獣めく夜もあったが、忽然《こつぜん》と相棒が消え、キョトンと人間になった、と言う。こんなに無防備に詩を書いていいのかと思うほど、夫の死を嘆き、死んでなおその存在をいとおしむ。死は、すべてを奪うものではないらしい。

いくつもの死に出会ってきた。ひとつとして忘れないし、そこに後悔を憶えるものだってある。話し足りなかった人には、彼女のように語りかければいいのだ。

これから出会う死の方が多いだろう。その列の最後に自分がいる。自分も誰かの周辺にそうやって漂えるのだと思えば、死もさほど怖くはない。この世にさよならする心の準備も大事だが、茨木さんほど真剣に誰かを愛することが、まずは大切なことなのかもしれない。

みんなには見えないらしいのです
わたくしのかたわらに　あなたがいて
前よりも　烈しく
占領されてしまっているのが

詩をひとつ読むごとに、隣にいる誰かを慈《いつく》しむ気持ちが増していく本だ。

（大人のおしゃれ手帖　２０１６・１）

『歳月』
茨木のり子著
花神社

# 最後の読書　本屋の死に方

猫のように死にたい。

猫を看取《みと》るたび思う。彼らは死のぎりぎりまで生きようとし、それが無理となると食べるのをやめ、身体からすべてを排出し枯れ木のようになって死んでいく。死という概念がないはずなので、死を覚悟するわけではなかろうが、人間に比べるとずいぶんいさぎよい感じがする。

そうは言っても、私は人間なので、猫のように死期を見極めることもできず、おそらく最後は病室か施設にいて、往生際悪く点滴などされている可能性が高い。私の本業は本屋なので、一日中、本の背表紙が目に入る生活を送っている。仕事場だけでなく家も本だらけ。寝室やトイレや風呂場にまであり、背表紙は常に我が身にまとわりつく。だから、白い壁の病室の中で一冊の背表紙も見えないなんておそらく耐えられない。そこに持ち込める本は、10冊くらいだろうか。

添い遂げる本、のことをたまに考える。もう残りの人生があまりないと思ったとき、それでも最後まで処分できない本のことだ。他のものは躊躇《ちゅうちょ》なく捨てられる気がするが、本には未練がある。添い遂げる本は生きている限り更新されていく。だから、「最後の読書」というお題をいただきながら、1冊だけを選ぶことができない。私は並んだ幾冊かの本の背表紙を眺めて、最後の読書をしたいのだ。1冊だけでは足りない。

たとえば、何度も読んだ武田百合子の『富士日記』の背表紙が見えれば、山小屋での食卓が浮かぶ。パン、とりスープ、コンビーフとじゃがいも。愛犬ポコが死んで、ふさふさした首のまわりの毛や、ビー玉のような眼の上に百合子さんが土をかけるのも見える。百合子さんが描く日常では、生も死もただのお隣さんで、死にに行くのも、隣の家に遊びに行くかのような気軽さがある。富士の山小屋に気持ちを馳せるときに、空を流れる雲や風にそよぐ木が見えればなおうれしいから、小さな窓くらいは病室にあってほしい。運がよければ、鳥の声も聞こえるかもしれない。それで十分だ。本は背表紙だけでいい。

でも、結局、猫のようにいさぎよくなれず、読みさしの本を枕元に何冊も散らかして死ぬような気もしている。存外、それが本屋としては幸せな死に方かもしれない。幸いにも看取ってくれる人がいるとすれば、本の続きはその人が読んでくれれば。

（週刊朝日　2020・2・21）

# ことばより
# もっと必要なもの

コラム・マッキャン『ゾリ』

はたして、「ことば」というものは本当にそんなに重要なのかと、問い詰められた気がした。

1930年代のスロヴァキアで、新ナチスのフリンカ親衛隊に家族を惨殺され、祖父とただ二人生き残った、ジプシーの少女ゾリ。マリエンカという本名を持つ少女を祖父ジージは〝ゾリ〟と名付ける。名前について一番大事なのは誰が名付けるかということ、他の誰がなんと言おうと関係ない、とジージは言う。

だから、彼女はただ〝ゾリ〟として生きる。差別的にジプシーと呼ばれたり、国によって違う呼称で呼ばれたりする彼ら、ロマ。誰になんと呼ばれようと自分達のことは自分達で決めるのだと誇り高く宣言する。

ナチスがとった反ユダヤ的政策は広く知られているのに、ロマに対する虐殺はあまり知られていない。彼らが文化を口承で語りつぎ、書物や文字に書きとめられた物語を持とうとしなかったからだろうか。ゾリが、踏みにじられた彼らの人生をときおり語る。それは、言葉で涙を流すようで痛々しい。

わずかに残されたジプシーに関する資料は、常に他者による偏見が介在する。かく言うわたしも、彼らについての真実は知らないも同然だ。ジプシーについての本を読んで知識を増やしたところで、分かることはたかがしれていた。むしろ彼らの放った言葉のわずかな記録や奏でる音楽にこそ、強く心魅かれる。羨望といった方が良いかもしれない。しかしゾリはロマの掟で禁忌とされる読み書きを習い、詩を紡ぐことに喜びを見出し、詩人となる。その結果、時代に翻弄《ほんろう》され、ロマの掟に背いた罪で「ケガレ」とされてロマの社会より終生追放されてしまう。

今日を境に、（中略）この女の名前すら口にする者はおらぬ。生命を裏切ったからには、この女の居場所は死をも越えた彼方である。ジプシーでもなく、よそ者《ガーシェ》でもない。何ものでもない無なる者、それこそがこの女である！

なんと厳しい断罪の言葉だろう。こうして、ゾリは孤独と共に旅をはじめる。空っぽの腹を抱え、痛みに耐え、地べたを這いずり、それでも生きることを諦めない。生きるためには盗みも働き、施しも受ける。国境で身を隠し、暗闇が大地からにじみ出し世界を覆いつくす様子を見て、ゾリはふと思う。

この美しさに較べたらあたしがことばでこしらえたものなんか到底かなわない。暗闇は光をつくりなおすってこと。木々は暗闇そのものよりもっと暗いんだ。

ゾリは言葉を捨て、ただのゾリとなる。

アイルランド人である作者が、これ程までに存在感のあるジプシーの物語を書き上げたことに驚く。「パプーシャ」と呼ばれた実在するジプシーの詩人に着想を得て書かれた物語だが、そこから生まれたゾリは唯一の存在となった。いままで、輪郭のなかったジプシー像が生命を得て、私の心の片隅に住み着いている。

詩人でもなく、ジプシーでもなく、一人の気高い人間となったゾリが、「ことば」よりもっと必要なものがあると教えてくれた。

（季刊びーぐる　2009・1）

『ゾリ』
コラム・マッキャン著
栩木伸明訳
みすず書房

# 本をすすめる

書店を営みはじめてから、ポツポツと書評原稿の依頼がくるようになった。便宜上「書評」として依頼してくださるのだが、評するというよりは、本を紹介するようなつもりで書いている。私は書評家ではなく本屋だし、依頼してくださる方々もそれを承知の上でお声をかけてくださっているだろう。逃げ口上のようで申し訳ない気もするが、私が書いている文章を「書評」だと言ってしまえばおこがましいし、書評家や研究者の方々に失礼な気がする。

本屋だからか、書評の仕事はこちらで選書できる場合が多い。1冊の本を選び、おすすめする文章を書く。普段から、店に来るお客さんにおすすめの本を訊かれることも多い。相手が、店に来るお客さんか、顔の見えない読者かという違いだけで、やっていることにさほど変わりはない。単に自分が好きな本をすすめればいいというわけではない、という点においても似ている。新聞であれば発行日が近くなければいけないし、雑誌などは予めテーマが与えられることも多い。「人生の最後に読みたい本」とか、「散歩は楽しい」とか。「愛することを忘れそうになったときに読む本」なんて、少々無茶ぶりな依頼もあった。

お客さんに頼まれて選書するときは、ご本人の気分や好みをなるべく反映するようにしているので、同じ本だけをやたらと誰にでもすすめるわけにはいかない。とはいえ、ついひいきにしてしまう本はある。そんな本に限って紹介文を書けなかったりする。夢中になって読み終え、次回はこの本で書こうかと奥付を見ると書ける期日を過ぎていたり（私が連載している新聞では刊行後3カ月以内の本という決まりがある）、選書の連絡をしてもすでに他の方が書くことになっていたりする。山のように付箋《ふせん》のついた本を見て、肩を落とした経験が幾度かある。喫茶も営業しているし、雑誌をつくったりもしているので、雑事に追われ新刊チェックもままならないからしょうがない。私がひいきにしている作家の新刊が既に出ていると、お客さんに教えてもらうこともあるくらい、のろまな本屋だ。

でも、いい本はゆっくり長く売りたいと常々思っているので、紹介文が書けなくとも、直接お客さんに伝えればいいいや、とも思う。

来店時に、以前買った本の感想をお客さんが報告してくださることがある。先日も、この間の本面白かったですと言ってくださったお客さんがいて、今日も1冊選んでほしいとおっしゃるので、松田青子さんの小説集『女が死ぬ』の文庫本をおすすめした。53篇の物語が収録されている。タイトルは物騒だが、読めば、女性をめぐる差別や抑圧を跳ね返そうという気力がみなぎってくるような本だ。

その日は成人式の前日だった。お客さんは「明日、成人式なんです」とお会計のときに教えてくれた。本を買ってくださったお客さんにわたしている栞《しおり》があるのだが、彼女は栞に成人の記念になにか書いてくれませんか、と言う。彼女に贈った言葉なのでここには書かないが、ひとこと書いた。数えるほどしか会ったことのない彼女の人生の節目に言葉を贈れたことが、うれしくもあり、面映《おもは》ゆくもある。去り際に、心を落ち着けたいときに来るのだと教えてくれた。

電子書籍に変わるのか、紙の本を読み続けるのかはわからないが、彼女はこれからも本を読んでくれるだろう。しかし、若い頃に買った本というのは記憶に残る。自分もそうだったが、たくさん買えないから一冊一冊が大切だった。図書館を利用すればたくさんの本を読めるのだが、借り物と自分の本とでは、読書体験が違うような気がしている。どっちも変わらないという人もいるだろうが、私は違う。自分の本だから頁の端を折ってもいいし、付箋を貼ったままにしてもいい。なんなら落書きしたってかまわない。作家のいしいしんじさんが読み終えた本は、余白がないくらいに絵や文字の書き込みがしてあるとなにかで読んだので、ご本人にお会いしたときに訊いてみたら、その通りだと教えてくれた。私も真似してみたいと思ったのだが、度胸がないのでいまだできていない。頑張っても鉛筆で傍線を引く程度。

いしいさんほどの個性はなくとも、そうやっているうちに、何千と巷に存在している同じ本も、私だけの一冊となる。それが私にとっての返さなくていい本だ。カップラーメンを食べながら読んで汁がとんだり、猫の吐瀉《としゃ》物がかかって変色したりしてできた染みも、記憶と連動している。幾度、引っ越しをしても、処分せずに一緒に移動を重ねた本はとくに思い出深い。陽《ひ》に焼けて、背表紙はほとんど色が抜けているが。

普段は買う本を自分で選ぶ人でも、今日はすすめてほしいとおっしゃる場合がある。常連さんの好みはだいたいわかっているので、あたりをつけて選ぶ。この場合はわりと気が楽だ。

初めて来店したお客さんから頼まれることも、ときにある。その方が若いお客さんである場合、本を選ぶという行為により責任を感じてしまう。一冊の本が読み手に与える影響が、若いほど大きいと思うから。でも、同時に喜びでもある。一冊の本を選び誰かに手わたすことは、一種の連帯のようなものだから。それが、面と向かっていない読者だとしても、気持ちは同じだ。

# 読書日記　ゆく年くる年

2022年
12月28日（水）

編集者の大河さんに「読書日記」を書いてみませんか？　と言われたので、今日から数日書いてみる。いちばんゆっくり本を読めるのは正月休みなので、前後あわせて十日間くらい書いてみようと思っていたのだが、書き出すのが遅くなってしまった。日記というものを書けたためしがないが、たしかに読んだ本のことなら書けるかもしれない。しかも、仕事だと言われればなおさら。そう思って書くことにしたのだが、渡辺京二さんが25日にお亡くなりになって、数日ろくに本が読めなかった。

一緒に暮らしている猫フジタの具合もここのところ悪い。1年ほど前から慢性の腎臓病になっていたのだが、食欲がほとんどなくなってしまい蹲《うずくま》ってばかりいる。年末年始は病院が閉まるので、思い切って出勤前に病院に連れて行くことに。腎臓病の悪化というよりも、歯根膿瘍《しこんのうよう》だそう。腎臓病で免疫力が落ちているから膿《うみ》がたまりやすいらしい。ひどい状態の口の中を見せられ、気づかずごめんと申し訳ない気持ちになる。獣医師さんが「歯を抜いた方がいいけど、麻酔は（弱っているので）できないもんねえ。どうしようかな。抜いちゃおうか」と朗らかに言われ、抜くことに。いつも行っているその病院の先生は抜歯が得意。怖いですーと言うと（動物に関してだけ、私はめっぽう弱気になる）、向こうに行っててていいよと言われる。フジタの絶叫と先生の「ごめんねー、拷問だよねー」という、またもや朗らかな声が聞こえ、無事抜けた。

仕事から帰ると、フジタは快方に向かっているようでひと安心。今日は渡辺さんの本がよく売れた。所有しているがまだ読んでいない渡辺さんの本が数冊あるので、私も読もうかと思い立つが、いまではない気がしてやめた。ふと、渡辺さんに買ってもらったけど未読の、スヴェトラーナ・アレクシエーヴィチの『セカンドハンドの時代』（岩波書店）を読みたくなり、本棚から探し出す。

「自分で読むときは買うんだろ？　1冊買ってあげるから選びなさい」と、渡辺さんが店の本を買ってくださることがときにあった。経営を心配してのことだとわかっていたので、そういうときは遠慮なく買っていただいた。けれど、この本は私が選んだのでははなくて、面白いから読みなさいと、自身が読まれた後すぐに買ってくださったものだ。当時、アレクシエーヴィチの本を立て続けに読んでいたので少し飽和状態で、積読本になっていた。

1頁目の「わたしたちには死との独特な関係がある」の「独特」について考える。ロシアつながりで、今年の正月にリュドミラ・ウリツカヤの『緑の天幕』（新潮社）を読んだことを思い出す。スターリンの死からソ連崩壊までを、「小さきもの」たちの眼差しで描いた群像劇。あまりの面白さに700頁ほどあるのを三日で読んでしまった。熊本日日新聞で連載中の「小さきものの近代」を渡辺さんが書き終わったらこの本をおすすめしたいと思っていたのだが、もうそんな話もできない。渡辺さんに本をすすめるなんておこがましいことだとわかってはいたのだが、最近は連載の参考文献を読むのにお忙しくて、未読なのではないかと思ったのだ。

読めていないという話で、読書日記になっていない気がするが、まあいいか。

## 12月29日（木）

寝る間際まで原稿を書いていたので、風呂と布団の中でしか本が読めなかった。最近風呂で読んでいるのは、近所の古本屋「古書汽水社」さんで買った中上健次の『紀州木の国・根の国物語』（角川文庫）。風呂で読むと多少傷むので、風呂用と決めた本を入浴時だけ読むようにしている。烏《からす》の行水だが、だいたい1、2カ月もあれば1冊読み終わる。

中上が故郷・紀伊半島を巡った記録で、土地の人たちの語りが面白い。いつも思うが、自分がよく知らない土地の話を風呂場で読むと、没頭できてよい。

ここ数日、枕の下に置いているのは、村田喜代子の『耳の叔母』（書肆侃侃房《しょしかんかんぼう》）という短篇集。読みはじめてすぐに猫たちが布団に入れてくれとやって来たので、2、3頁しか読めずに一緒に寝てしまう。

## 12月30日（金）

仕事納め。帰省のお客さんや、年末の挨拶に来る人で賑々《にぎにぎ》しかった。元スタッフのちばちゃんが家族4人で来店。それぞれ1冊ずつ本を選び、お茶を飲み、帰っていった。中学生のゆうひが選んだのは、『顔のない遭難者たち』（晶文社）。著者はイタリアの法医学者クリスティーナ・カッターネオで、ヨーロッパで初めて移民遭難者向けデータバンクの創設に取り組んだそう。身元不明の遺体のアイデンティティを求めて尽力する人々の姿を描いたノンフィクション。実は、私も今朝その本を読了したばかり。寝る前に読むにはちょっとつらい内容なので、朝読むようにしていた。朝ごはんを食べるときや、はみがきをするときに。遺体回収の話をよくご飯食べながら読めるね、とみんなにあきれられたが。

遺体の同定ができなければ、遺された人が「死」と向き合えず、あきらめがつかないだろうとは想像する。しかし、手続きが進まないために残された家族に不利益が生じることにまでは思い至っていなかった。想像力だけではいつも足りない。

移民の遺体が着ていたTシャツの臍《へそ》のあたりに結いつけられた、小さな袋のことが忘れられない。親指大ほどの小さな袋には砂かなにかがいっぱいに詰まっている。著者は、司法解剖を行っているときと同じように反応し、それをドラッグかもしれないと疑い確認する。しかし、それは移民の故郷の土だ。肌身離さず持っているのだ、と別の作業員が教えてくれる。アフリカ人がよくやることだ、と。シャツにできたしわを丸めて、根元をひもで縛り、小さな袋状にして土をその中に詰める。青年のその姿を想像して、著者は打ちのめされる。すぐにドラッグだと思いこみ、そのあとでこんなにも現実に打ちのめされている自分のことを恥じ入らずにいられない。

土は記憶だ。彼らが生まれ、育ち、彼らの愛しい誰かが住んでいる場所の。

## 12月31日（土）

ただ日をまたぐだけなのだけど、やっぱり大晦日《おおみそか》ともなると、いつもより張り切って掃除をしてしまう。そのあとは買い出し。なんとなくお正月らしいものを買ってみるが、貧乏性がしみついているから、チーズひとつ買うのにもさんざん見比べて、棚の前を行ったり来たりしてしまう。

掃除をしていたとき、あと数頁を残すばかりになっているのに放置していた本を見つけたので、読んでしまった。大西暢夫《のぶお》『ホハレ峠』（彩流社）。廃村になって、店も、民家もなくなり、電気やガスや水道もなく、村の機能が失われた場所で、数世帯のお年寄りがいまだ暮らしていることを知り、著者はそこへ通うようになる。ダムに沈んだ岐阜県揖斐《いび》郡徳山村《とくやまむら》のもっとも奥の集落・門入《かどにゅう》。そこで最後の一人になったゆきえさんが門入を出てからも追い続け、彼女がこの世を去るまで、言葉の記録を続けたという。「こんなええとこ、独り占めしてええんかな」と、大声で笑っていたおばあさんは、権力にその場所を奪われる。季節ごとに山から食材を集め、春には春の、夏には夏の仕事があり、冬支度があった。彼らは自然を壊すのではなく、自然にあわせる生活を長年営んできたのに。

ダムの完成の日が近づき、いよいよゆきえさんの家が解体される日がくる。その日の写真が掲載されている。ゆきえさんはひと部屋、ひと部屋を、日本酒で清めている。荷物もなく、人もいなくなった築百年の家を見つめるゆきえさんの瞳には、長い時間が映っていたことだろう。解体車両を見つめるゆきえさんの胸には悔しさが去来したことだろう。そこには言葉がないから想像するしかない。

街で暮らすようになったゆきえさんを著者が訪ねて、近所のスーパーに連れて行くエピソードがある。うどんを著者にごちそうしてくれようとしており、「うどんに使う薬味のネギがないでな。一本買ってこようと思うが」そう言っていたのに、結局ネギを買わずに帰る。少しは残っているのかと著者は思うのだが、ネギの入っていないうどんが供される。そして、ゆきえさんは言うのだ。

「なあ、大西さん！　なんで、わしが九八円の特価品のネギを買わなあかんのやって思ったんよ」

　ゆきえさんは長年自信を持って畑でネギを作り、みんなにわける分までたくさん作ってきたのに、なんで特価品のネギを買わなければいけないのかと、情けなくなったと言うのだ。「金に変えたら全てが終わりやな」というゆきえさんの言葉が重い。

---

## 2023年
## 1月1日（日）

　長い休みは正月しかないので、年末になると、今度の正月には何を読もうかと思案する。今回は迷わず『ポータブル・フォークナー』（河出書房新社）にした。フォークナーが創りだした架空の地ヨクナパトーファの諸作品を出版順ではなく作品内時間の年代順に並べ、一つの大きな物語のように構成している作品。2段組みで800頁以上あるから、ちょうどいいと思っていたのだが、年末年始に仕事が立て込んでいたせいか、首が痛くてなかなか読み進められない。手に持つと重いし、テーブルに置くと活字が小さすぎてちょっとつらい。若いときに遭った交通事故のせいでストレートネックになっているから、頸椎《けいつい》が弱いのだ。

『アルテリ』で渡辺京二さんの日記を連載中なのだが、その中にフォークナーを集中的に読んでいた時期があった。読み終わったら、その部分を読み返してみようと思う。でも、本当は直接お会いして話したかった。誰が亡くなっても後悔ばかり残るのが常だ。

お昼過ぎに姉の家に顔を出さねばならず、中断。そのあとは来客があり、庭で炭を起こし、魚やなんかを焼いて食べていたら、近所に実家があるちばちゃん家族が新年の挨拶がてら顔を出したので、ひとしきり庭で酒を呑み、もう本は読めない。

子どもの笑い声は新年らしくていい。

## 1月2日（月）

だらだらと食べ過ぎて、お腹が重たい感じがするので近所の八景水谷《はけみや》水源で散歩。カモやサギはいるけど、いちばん会いたいカワセミがいない。

相変わらず首が痛いので、フォークナーをあきらめて、もうちょっと軽い（内容ではなくて本の重さ）本を読むことにする。家人が山田詠美の自伝小説『私のことだま漂流記』（講談社）を読み終わり、子ども時代が私とかぶるところがあるのでは？　と言うので、読むことにする。ちなみにうちでは山田詠美さんのことをエイミー姐《ねえ》さんと親しみを込めて呼んでいる。すいすいと楽しく読み進めるが、私と違って育ちがいいし、かぶる要素あるのかなと思っていると、まさに「ここか！」という箇所に行き当たる。

私は、何かこつをつかんだような気がした。どういう「こつ」かというと、自分を失わずに現実逃避するこつだ。この先も、きっと本は、その恰好《かっこう》のツールになるだろうと予見した。嫌なことがあったって、本さえ読めばいいんだ。そこに飛び込みさえすれば、逃げ切れる。追手から身を守るかのように、私は真剣にページをめくったのだった。

彼女はいじめられていた子ども時代を本に救われていた。私はいじめられていたわけではないが、家庭の事情や、自分の性質ゆえに孤独になりがちだったから、この部分は首の調子が悪くてもぶんぶん振りたくなるくらいよくわかる。「屈託なくクラスの子たちの輪に入って行ける性質《たち》ではなかった」とも語っているが、本をたくさん読めば、おのずとそうなるのかもしれない。ものを深く考えるということは、屈託を奪うものだから。

彼女が過去の恋愛を語るとき、同時に人種差別の話にもなる。アフリカ系アメリカ人と付き合ったり、結婚したりしているからだ。読みながら、初めて勤めた職場での昼休みの会話を思い出す。人種差別的な物言いで、通っている英語教室の先生が「黒人」でいやだ、というような趣旨の発言をした女性がいた。30年以上前のことで、私は就職したばかりでまだ十八、九だった。世の中には、公共の場でこんなにどうどうと差別発言をする人がいるのかと驚愕した。私たちだって、日本を出れば差別される側の黄色人種だと知らないのだろうかと不思議でもあった。自分を含め、無知であることや言葉を無造作に使うことは、いつなんどき人を傷つけるかわからないと深く心に刻んだ。

話は脱線したが、エイミー姐さん、ますますお元気なようだと安心して読了。ここで書かれたのは、あくまでも自伝めいた小説。でも、そこには間違いなくエイミー姐さんの魂《ソウル》がある。

## 1月3日（火）

椿の花が咲くと庭にメジロが来るのだが、今冬初めてのメジロの来訪。まだ咲いていないが、つぼみがつきはじめているので偵察にきたのかもしれない。

今日で正月休みも最終日。すっかりサザエさん症候群にかかっているから、また八景水谷へ行き、鳥を眺める。ゴイサギもカモもメジロも鯉も元気。今日もカワセミには会えなかったけど、二日も続けて散歩ができるなんて正月はいいものだ。

明日から店を開けるので、仕事を少し片付けてから本を読む。首の調子が徐々によくなってきたのでフォークナーに戻るが、1篇読み終わったところでやはり首がつらくなり挫折。ヨクナパトーファに長い旅に出るつもりだったのに残念。続きは一気に読めるときに読みたい。

気を取り直して、軽い本に手を伸ばす。ローベルト・ゼーターラーの『野原』（新潮社）。何度も言うが、内容ではなくて本の重さ。寝床に置いて1章ずつ読んでいたのだが、残り少なくなってきたので最後まで一気に読む。パウルシュタットという架空の町に生きて死んだ、29人の死者たちが語る物語。最初は知らない町に迷い込んだような気持ちで読んでいたが、読み終わる頃には町の地図が見えるようで、そこに住んでいた人々が私の頭の中では実在している。レニエという変わり者の男が何度か登場する。本当のところどんな人間だったのかは誰にもわからないのだが、その「わからなさ」の存在がパウルシュタットでは許されていることに安堵した。

『耳の叔母』も読了。短篇をひとつ読むごとに「うまいなあ」とため息がもれる。

正月休みが終わることには、ため息をつく。

## 1月4日（水）

仕事はじめ。朝から『セカンドハンドの時代』を読む。この本も頁数が多いから首に負担がかかると思って中断していたのだが、フォークナーと違って2段組みじゃないせいか、机の上に置いたら読みやすかった。

アレクシエーヴィチの聞き書きは他の人と何が違うのだろう。読みはじめると語り手がまるでそこにいるみたいな感じで、やめられなくなる。朝読むと、遅刻しそう。開店後しばらくしたら常連さんがいらっしゃって、お昼ご飯の差し入れをくださり、この間すすめてもらった本がとてもよかったとおっしゃった。写真家・南阿沙美の『ふたりたち』(左右社)。読んだあと、娘さんにわたされたそう。私なんて足下にも及ばないくらい読む方で、本のことを教えてもらうことも多いのだが、喜んでいただけてうれしい。

帰ってから、トイレに置きっぱなしで読んでいた(ごめんなさい)『「その他の外国文学」の翻訳者』(白水社)があと少しになっていたのを思い出し、読み終える。「その他」とくくられる言語の翻訳者へのインタビューをまとめた本。こういう本は読みたい本が増えて困る。すでに読み終えて、かなり面白かったと記憶している本の話も結構あった。中には、買っていたのにまだ読んでいなかった本も出てきて、あわてて本棚から抜いて、読みかけの本を積んでいる場所へと置き場を変える。

日本には辞書もないような言語で書かれた本を、日本語で読めるという幸せをかみしめる。ここに登場する翻訳者の方々の努力なしでは、私たちのところまでこれらの本は届いていない。感謝。

# II

# 橙書店の本棚から

# 「普通の家族」とはなんだろう

貧乏な家には窓がない、あるいは少ないという話から物語ははじまる。私は幼いときに団地に住んでいたが、確かにどの窓も部分的に家具や冷蔵庫で隠れており、窓の記憶があまりない。母が蒸発したので姉弟とともに祖父母の家に移り住んだが、父は死ぬまでその団地で暮らした。物語の中では、主人公・夏子の父が蒸発している。彼女は母を13歳で亡くし、2年後には祖母も亡くし、身内と呼べるのは母と同じくシングルマザーの姉・巻子とその娘・緑子だけだ。日本では、現在、一人親世帯の貧困率は5割以上だと言われている。夏子と巻子の姉妹も母と同様に働き倒して生きていく。

夏子は恋人とのセックスに不安や苦痛しか感じられずに別れた過去を持ち、AID（パートナー以外の第三者から精子提供を受ける人工授精法）での妊娠・出産を考えているが、精子提供で生まれ遺伝上の父を探している男性と出会うことで、生命の意味を問い直すことになる。夏子が「産むこと」について考え続けるあいだに聞こえてくるさまざまな声は、どれも説得力があり、切実だ。「産むこと」には意思があり、「生まれること」には決定権がない。そんな当たり前のことをいままで考えてこなかった私たちに、「命の誕生とはなにか」とそれらの声が問いかけてくる。

　物語は社会的問題、倫理的問題を孕《はら》みつつ進むが、筆致はあくまでも軽やかだ。大阪弁を交えた語りは、見事に泣き笑いを誘い、彼らの存在感は真実味を帯びる。もはや私の脳内では、巻子や夏子が実在しているような気がしている。緑子と夏子が観覧車に乗る場面が好きだ。ぶどう色の夕焼けの中、巻子との幼い日の思い出を、夏子が緑子に語る。読みながら、自分の思い出もよみがえった。

「ほんまのことなんてな、ないこともあるんやで、なんもないこともあるんやで」と巻子は言う。普通の家族とはなんだろうか。家族とは、実はどんな形でもよくて、その形は、私たちひとりひとりが決めることができればよいのではないだろうか。

（暮しの手帖　2020・2－3月号）

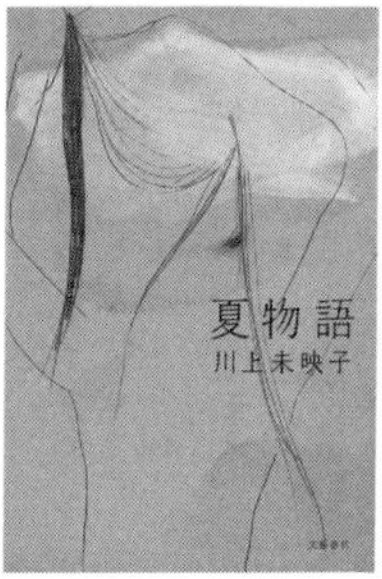


『夏物語』
川上未映子著
文藝春秋

# かそけき声に耳を傾ける

もう30年ほど猫と暮らしている。いままでに6匹の猫と生活をともにしたが、意思の疎通に困った記憶はあまりない。猫語と日本語は共通言語ではないから、彼らの言葉を私は使えない。互いの言葉がわからずとも、伝えたいという気持ちが強いからこそ、コミュニケーションができているのだと、この本を読んで気がついた。

日本の社会では、同調圧力のもと「わかりあう」コミュニケーションがよしとされる風潮がある。いわゆる「空気を読む」というやつだ。演劇人である著者は、演劇を通して子どもたちにコミュニケーション教育を実践しているのだが、「わかりあえないところから出発するコミュニケーションというものを考えてみたい」という。

「伝える技術」をどれだけ教え込もうとしたところで、「伝えたい」という気持ちがないのなら、その技術は定着していかない。その「伝えたい」という気持ちは、「伝わらない」という経験からしか来ないのではないか、と語られている。少子化が進み、大人に囲い込まれ育てられる子どもが増えている中で、大人が子どもの気持ちを察するようになった。だから、いまの子どもたちには「伝わらない」経験が不足している。それを補うために、異文化、他者への接触を疑似体験できる演劇が有効なのだ。

　俳優の本当の仕事は、「普段私は他人には話しかけないけれども、話しかけるとしたらどんな自分だろうか」と探ることだと著者は語る。わかりあえない誰かの身に自分を置き換えてみることから、コミュニケーションをはじめればよいのだ。

「社会的弱者と言語的弱者は、ほぼ等しい」という一文があった。伝えることも大事だが、かそけき声に耳を傾けることこそが、私たちには必要ではないだろうか。声は言語とは限らない。猫の仕草やまなざしに彼らの要求を見つけるように、声なき声を聞き取れるようにならなければと思う。

（暮しの手帖　2020・8－9月号）

『わかりあえないことから』　平田オリザ著

『わかりあえないことから　コミュニケーション能力とは何か』
平田オリザ著
講談社現代新書

# 自分の群れを見つけるとき

「道からはずれないこと。誰にも話しかけないこと。うつむいて頭巾《ずきん》で顔を隠すこと」。悪いオオカミにそそのかされ、言いつけを守れずに道をはずれた赤ずきんに、やがて危機が訪れる。世界中の女の子が知っている物語だ。しかし、「この物語がまちがっているのは明らかだ」とアビー・ワンバックは指摘する。女子サッカー史に残る数々の偉業を成し、引退後も女性の権利、平等、活躍などを促す活動を続けているアビーが、名門女子大バーナードの卒業生へ贈った祝辞から生まれたのが、この本だ。

私が初めて仕事に就いた頃は、祖父母と一緒に暮らしていた。残業もあるし、ついつい飲み過ぎて午前様になることもあった。すると、「おなごが、遅《おそ》まですさるいてから」と祖母からなじられた。女が遅い時間までうろうろするな、と。まさに赤ずきん理論だ。

女性であり、同性愛者でもあるアビーにとって、赤ずきんへの戒めは二重の差別となってふりかかったことだろう。彼女は、できるなら若い頃の自分に「アビー、あなたは赤ずきんじゃなかった。ずっとオオカミだったんだよ」と伝えたいと言う。

イエローストーン国立公園の環境悪化を改善するためにオオカミが放たれた、という話が出てくる。オオカミの存在で、植物や動物の生態系が再生し、風景が一変した、というのだ。彼女は、これを女性に置きかえる。現在の体制《システム》をおびやかすと恐れられている存在＝女性が、社会の救世主となるということだ、と。

私たちはそろそろ、無理矢理かぶせられた赤い頭巾をぬぐときではないだろうか。きゅうくつでしょうがないと思ったら、古い寓話は書きかえればいい。古いルールはいらないとアビーも言っている。「女性はみな、誰しも自分の人生のリーダーだ」と。対等に支えあえる人たちと、誰からも支配されない新しい群れをつくればいいのだ。これからを生きる女の子たちに、新しい場所を手に入れてほしいと切に願う。この本がその手助けとなるだろう。

（暮しの手帖　2021・4－5月号）

『わたしはオオカミ
仲間と手をつなぎ、
やりたいことをやり、
なりたい自分になる』
アビー・ワンバック著
寺尾まち子訳
海と月社

『わたしはオオカミ』　アビー・ワンバック著

# 動物の重みと温もり

私は猫と暮らしているが犬も好きだ。だが、犬とは暮らせないと常々思っている。早起きが苦手だから散歩に連れて行けない、というのは建前で、主人と決めた人間を見据えるあの、まっすぐな目が辛《つら》い。受け止めきれずに罪悪感でいっぱいになるか、犬中心の生活になってしまう気がする。この本を読んでなおさらそう思った。猫ならば、おのおの好き勝手に暮らしているから大丈夫。

本作で、詩人・伊藤比呂美がカリフォルニアで一緒に暮らしているのは、ジャーマン・シェパードのタケとパピヨンのニコ、そして遠距離介護をしていた父の元から連れてきたルイ。犬だけではなく、インコのぴーちゃんや以前飼っていた猫、植物、水無し川に現われるコヨーテなども登場する。生類の気配に満ち満ちた本だ。

著者は、すっかり老いたタケの姿に、同じように老いた父の姿を重ねる。脱力して、まるで死んでるみたいに寝ている姿。転んでへたりこんだときの表情。タケの一挙手一

# 『犬心』　伊藤比呂美著

投足を見つめて、うんこを洩《も》らしたら拭いてやり、腰が砕けたら支えてやる。それこそが、熊本で独居する老いた父が「自分にやってもらいたいこと」だとわかっている。「夜中にルイが寄りかかってくる、その重みと温もりだけがたしかなんだ」と、寂しいと訴えていた父が何度も言う。動物の「重みと温もり」は人間をなぐさめるが、人間との暮らしは動物にとってどうなのかと、読みながら自問する。

「人間にはできないことも、犬ならできる。自然に老いて病んで死ぬということだ」という一文を読みながら、死んでしまった飼い猫たちのことを考えた。彼らが老いて死ぬ姿は、いつもいさぎよかった。動物と一緒に暮らすということは、生きるということと、死ぬということが常に傍らにあって、それを見つめることでもある。人間の言葉をつかわずとも動物たちがいかに雄弁であるかを、詩人は言葉をつかってあらわす。彼らは、亡骸《なきがら》となったあとでさえ、別の身体を与えられたかのように生き生きとしていた。

（暮しの手帖　2022・2－3月号）

『犬心』
伊藤比呂美著
文春文庫

# 親子だからこその葛藤

血がつながっているからといって価値観が近いわけではない。むしろ親子という関係は自分では選べないから、気持ちがすれ違うことが往々にしてある。断てない関係であるからこそ互いに葛藤するしかないのだが、私は葛藤することを放棄して父親と距離を置いてしまったから、ケンカすらしなかった。この物語の中の母娘のように互いの気持ちをぶつけあえれば、理解しあえなくとも、関係を結ぶことはできたのかもしれない。

物語は母の独白で語られる。夫亡きあと、一人娘のために生きてきた「私」は、老人ホームで働いている。「私」が想像も許可もしていなかった独立を果たした娘は、30代の半ばも過ぎて住む場所を失い、パートナーの女性を連れて「私」の家に転がり込んできた。娘の将来を案ずる「私」は、普通の幸せを求めない娘にいらだち、娘は「自分たちを理解してほしい」と訴える。当然、3人の共同生活はうまくいかず、やがていくつかの事件が起きる。

モラルを重んじて実直に生きてきた「私」と、人目を気にせず、性的少数者を許容しない社会に対して声を上げる娘。互いが理解しあえないのは当然だ。だが、社会的弱者という点では、「私」も娘と同じ。職はあるが所属は派遣会社、不安が増すばかりの老後に怯え、老いた者に対する社会の仕打ちに怒りを覚えている。「私」は老人ホームで、ジェンという高名だが身寄りのない孤独な女性を担当している。彼女の身体は老いに蝕《むしば》まれており、認知症でもある。独りで死んでいくジェンの姿に「私」は娘の将来を重ね、不安にさいなまれる。ジェンが老いさらばえる姿の描写は容赦ないが、彼女は最期まで尊厳を失っていないようにも見える。

物語が結びに行き着いても、母娘の葛藤は終わらない。心は揺れ続けるだろう。でも、そこに愛情が存在することは確かだ。私も「娘」であるからわかる。「娘は私の生命から出現した。（中略）でも今は、私となんの関係もないようにふるまう」という「私」の独白が耳に痛かった。

（暮しの手帖　2022・8－9月号）

『娘について』
キム・ヘジン著
古川綾子訳
亜紀書房

## 『娘について』　キム・ヘジン著

# 歩くから、思い出す

散歩は好きだが実際にはそんなに行かない。時間がないというのは言い訳で、ものぐさだから。でも、脳内散歩は得意だ。熊本弁では、うろうろとさまよい歩くことを「されく」あるいは「さるく」と言う。私は本を読みながらされきまわるのが好きだ。滝口悠生《ゆうしょう》さんの文章には、とくにいざなわれる。散歩中に眼前の風景と思考が混ざり合うように、読みながら思考を巡らせたり、記憶をなぞったりする余白があるからだ。文章に集中できないというわけではない。むしろ没入して、本の世界でされきまわっている。

本作は、アイオワ大学のインターナショナル・ライティング・プログラム（ＩＷＰ）という滞在プログラムに呼ばれた滝口さんが、世界各国の30名ほどの作家や詩人らと過ごした約10週間の日記。滞在中、滝口さんは散歩ばかりしている。アイオワシティはアイオワ大学の街で、大学の施設が街中に点在しているそうだ。歩いているとＩＷＰに参加している他の作家と遭遇したり、立ち寄った店でレジのおばさんに、「あなたが小説

## 『やがて忘れる過程の途中（アイオワ日記）』　滝口悠生著

で伝えようとしているメッセージはなにか」と訊かれたりする。歩くことで次第に他の作家とも、街とも、近しくなっていく。滝口さんは英語が得意ではないらしく、ときに大事なアナウンスを聞き逃したり、会話につまずいたりする。出来事があいまいなまま記録されていくので、読む側もなんだかわからないままついていき、少しずつ街に慣れ親しみ、登場する人々を知っていく。愛着すら湧いてくる。

　モーリシャスから来た作家・ウマルに「あなたにとって書くこととは？」と質問されたとき、滝口さんは「不在のものやひとを思い出すこと」と答える。言語も文化も異なる知らない者同士だった彼らが、「文学」という共通項を道しるべに関係性を築いていき、最後にはそれぞれの国へと帰っていく。私は本を閉じ、香港、ナイジェリア、ロシア……それぞれの国にいるであろう彼らのことを、どうしているだろうかと思い出さずにはいられない。

（暮しの手帖　2023・2－3月号）

『やがて忘れる過程の途中（アイオワ日記）』
滝口悠生著
NUMABOOKS

# 日常と非日常とのあわい

先だって、愛猫フジタが旅立った。マリモみたいに丸かったのに、最期には骨が浮き出て、触るとごつごつしていた。家にいると不在が目に付く。あの椅子によく寝ていたなとか、食卓にご飯が用意されると物色していたな、とか。そんなときは本を読む。本の世界にするりと入れば、しばらくは安心だ。

こんなに笑った本は久しぶり。2017年に早逝した作家・赤染《あかぞめ》晶子《あきこ》によるエッセイ55篇。読んでいる間じゅう忍び笑いをもらしていたらしく、家人に不気味だったと言われたほど。

「安全運転」という一篇では、赤染さんは猫がたくさんいる自動車教習所に通っている。18匹もいる。なぜですか、と教官に聞くと「猫さんに聞いてくれ」と言われる。コースの中にも猫がいる。猫にクラクションを鳴らしてはならないので、窓を開けずに教官が「しー！」と言うと、猫はのそのそと退《の》くが、赤染さんが言っても退かない。赤染さ

『じゃむパンの日』　赤染晶子著

んは教官を尊敬し、ひそかに「猫使い」と呼ぶ。猫使いの教官もすごいが、猫もすごい。何でもできる。坂道発進もできる。赤染さんは坂道の途中でもたもたする。教官が言う。

「ほれ、見てみ。猫さんは上手に坂道発進をしはるのう」

いつもはうまくいかない右折に成功すると、「猫さんみたいやったぞ」と褒められる。最後の実習の時に教官に言われたのは……。

「よう、がんばったのう。好きな猫さん、一匹持って帰ってええぞ」

面白いだけではない。読んでいるうちに妄想の世界に連れて行かれたり、ふいに懐かしさが込み上げてきたりする。隣人や家族やおっさん（京言葉でお寺の和尚さんのこと）について語っているのに、いつの間にか、日常と非日常とのあわいをひょいと越えているのだ。

本を閉じる。現実世界に戻り、猫が1匹減った部屋にふたたび目をやる。赤染さんも、もうこの世にいない。残念だ。でも、フジタの気配や赤染さんの本は残っている。それに、たくさん笑ったあとだから、もうそんなにさみしくはない。

（暮しの手帖　2023・6－7月号）

『じゃむパンの日』
赤染晶子著
palmbooks

# 「老化」から目を逸らさず

「キレるおじいさん」を目撃することがときにある。見かけるのは銀行や郵便局の窓口などで、被害を受けているのは若い女性であることが多い。どなっているのはたいてい70歳前後と思われる男性で、まさに本書のテーマである「定年世代」だ。私はすでにおばさんだけど、かつては若い女性だったから、同じように不当な怒りを向けられた経験を持つ。正直なところ見ていて腹が立つのだが、帯にある「ジジイだって、歳を取るのは初めての経験なのだ。許してあげてほしい」という一文を読み、彼らの気持ちが少しはわかるかもしれない、と手に取った。

著者の小田嶋さんは舌鋒《ぜっぽう》鋭く批判の姿勢を貫きながらも、笑いに着地させるという離れ業をやってのけるコラムニスト。模倣から逃れるために「取材をしない」「文献を読まない」をモットーに、「自分の内部から生まれたネタ」に執着し執筆してきたそうだが、本著ではその手法を捨て、体当たり取材で自身の老化と向き合ったという。

手はじめにやったのは、そば打ち。そば屋の大将のダジャレなんぞを聞き流しながら、「独善的な親父が、さらなる独善的な師匠に従えるのかどうか」と自問しつつ3時間を浪費し著者が思うのは、「男がトシを取るということは、自分が積み上げてきた凡庸さと和解すること」。女にだって身に沁みる言葉だ。小田嶋さんはその後も、ギターの習得を試みたりスポーツジムに通ったりする。脳梗塞《のうこうそく》を患えば病気と友達になる方法を考え、「目指すべきところは、機嫌よく病むことだ」と結論づける。「老化」から目を逸らさず、むしろ仲良くすればいいのだと合点がいった。

残念なことに、小田嶋さんは2022年、65歳で亡くなった。だが、オダジマ節は本がある限り残る。

(週刊SPA! 2023・2・21－28合併号)

『諦念後
男の老後の大問題』
小田嶋隆著
亜紀書房

『諦念後』 小田嶋隆著

# 封印されてよい声などない

私は水のようにぐるぐるこの世をめぐりたい旅するカタリでありますす、と著者は言う。「この世の奥のひそやかな声、言葉を失くした耳たちの封じられた声」を追い、「旅する耳」に聞こえてくる歌を語り、「澱《よど》んだ水の中の世界」に闘いを挑む。

著者は、済州島で無数の死者たちの声を聴き、あちらこちらで語られた安寿を探し、瞽女《ごぜ》うたに思いをはせる。そして、自らも、浪曲師やパンソリ唄者《ソリクン》や曲師を連れて旅をし、語る。私たちは、それらを文字で読むのだが、はたして読んでいるのだろうかと、幾度も思った。文字を追いながら、声が聞こえている気がしてならない。瞽女のごとく、熊野比丘尼《びくに》のごとく、説経祭文語りのごとく、旅で自らの魂に響いた声を、著者が言葉にして伝える。それは、文字を読んでいるだけでは残らない。声を聴かなければならないのだ。

声は縦横無尽だ。たとえば、浪曲の三味線を弾く曲師・澤村豊子の人生を語りながら、旧植民地の民、慰安婦、アカ狩りされた島民……、見えない者、聞こえない声とされた人々の姿を語り、彼らの声を響かせる。

しゃりしゃりと、じゃりじゃりと……靴が踏みつける白骨の音。

国家によるアカ狩りを口実とした虐殺の記憶を語る、飛行機の滑走路に埋められたたくさんの白骨の声。

「手がなくたって拍手してくれるんだ、喜んでげんこつで拍手してくれるんだよ」。豊子師匠が語る、若かりし頃に慰問に行ったハンセン病療養所の患者たちの声。

声は記憶を持たない、と著者は語る。記憶を持たぬものに境はない。おのずと境を踏み越えてゆくもの、境を消し去っていくもの、それが声、だと言う。

この世のどんな片隅で生きていようが、踏みつけにされていようが、封印されてよい声など存在しない。彼らは生きている。生きのびるために声を捨てたものは、生きていない。だから、この本を読み、声を聞いた者は、自らも声を捨てることなく、語りつがなければならない。

（熊本日日新聞　2018・5・27）

『現代説経集』
姜信子著
ぷねうま舎

## 『現代説経集』　姜信子著

## 心奪われる砂漠の民の生活

風紋が広がる荒涼とした砂地、まさに砂漠を思い描いたときに浮かぶような光景が表紙を飾っている。しかし、頁を開き、著者・三毛《サンマウ》の語りがはじまるやいなや、その印象は吹き飛んでしまう。彼女は異国情緒にとどまらず、生活者として人に会い、西サハラを見るからだ。サンマウは中国四川省生まれの台湾育ち。たまたまサハラ砂漠の写真を見たことで、そこへ行きたいという懐かしい狂おしい思いを抱き、大地に呼び寄せられるように、のちに夫となるスペイン人のホセと砂漠へ移住する。

当時の西サハラはスペイン領だったのだが、彼女たちは町には住まず、サハラウィ（原住民）の借家を借りて彼らの隣人となる。サハラウィはよそ者に興味津々だし、サンマウとホセも隣人を放っておけない。家で無料の女学校を開いたり、病院へ行かないサハラウィの女性たちに薬を処方したりする。サンマウの行動は、旺盛な好奇心ゆえに大胆で、ときに危なっかしい。そして懐が深く、情にもろい。私はすっかり彼女の魅力のとりこになってしまった。

ある日、サンマウは隣家のわずか10歳の少女の結婚式を体験する。それは風習とはいえ許容できないものであった。サハラウィとの生活の違いを面白がったりとまどったりしている彼女とともに、いつしか読者も異国の情景に心奪われ、思いを巡らすことになる。印象的な登場人物のひとりに聾唖《ろうあ》の奴隷がいる。もの言えぬ彼は、自分の胸を指さし、次に小鳥を指さし、それから飛ぶ動作をする。「私の体は自由ではない。だが心は自由だ」と言っていたのだ。

なぜ砂漠に引きつけられたのか自分でもわからない、とサンマウは言う。彼女は引きこもっていた時期があったそうだが、もしかしたら心の奥底に潜む疎外感が彼女を砂漠へと向かわせたのだろうか。

西サハラの情勢は変化していき、彼女が涙とともに砂漠を離れる日がくる。いくつもの命が砂の中に消えていき、いまなお、砂漠の民の涙は流れ続けている。

（熊本日日新聞　2020・2・9）

『サハラの歳月』
三毛著
妹尾加代訳
石風社

# 浮かび上がる戦争の闇

冒頭は1990年代のソウル。おばあさんとなったソナは、いまも天気予報を欠かさず確認する。晴れた日は爆弾が降ってきた。その日々が彼女の心から離れることはない。警報が鳴ると、ウジョとソナの夫婦は娘・ジェシーを抱え、洞窟や生い茂った草むらの中に逃げ込んだ。生と死の狭間《はざま》で怯える大人たちの傍らで、赤子はすやすやと寝ている。子どもが人々の希望の光であることを象徴するような場面だ。

本書は、日本の植民地下にある韓国から中国へと亡命した、独立運動家夫婦の子育て日記。夫妻が書き残した日記を、50年以上経った1999年に夫婦の孫娘が編纂《へんさん》し刊行、さらに作家・パク・ゴヌンによってグラフィックノベル化された。絵柄はどこかユーモラスで、ジェシーの姿はとても愛らしく描かれている。

日中戦争が勃発《ぼっぱつ》し、一家は長く苦しい避難生活を余儀なくされる。常に死が隣り合わせにあったとしても、ジェシーがある日初めてオンマ（ママ）と言い、歯が1本ずつ生えてくる姿は光に満ちている。「ジェシーの小さな仕草《しぐさ》や表情が、私たちの宝物だった」という一節が物語る通りに。光があるからこそ、戦争の闇がくっきりと浮かび上がる。植民地下であらゆるものを奪われる人々。無差別爆撃が容赦なく無防備な民衆を殺し、家々を破壊していく姿。異国の地で、祖国に帰れず死んでいく人。

「中日戦争」という記述を見て、視点を変えることの重要さに気づく。戦争下においては誰もが、被害者でありながら加害者でもある。「敵味方」という色眼鏡をはずせば、隣国で生きる人々は、違いはあれども、いいところも悪いところもいかに似ていることか。夫婦に授かった二人目の子どもがまたもや女の子だと知ったとき周囲に失望がひろがる。しかし、夫であるウジョは「残念がることの現実こそ情けない」と言う。彼ら夫婦は互いに尊敬し合い、補完し合って戦禍をくぐり抜けた。

いまだ世界に戦禍が絶えることがないからこそ、読むべき本だ。

（熊本日日新聞　2020・8・30）

『ウジョとソナ
独立運動家夫婦の
子育て日記』
パク・ゴヌン著
ヤン・ウジョ／
チェ・ソナ原案
神谷丹路訳
里山社

# 失われた者たちを慈しむ

物語は「喪失」の気配に包まれている。誰もが誰かを失い、あるいは、失いつつある。語り手であるノアは14歳の少年。カナダ、マニトバ州北部にある人家が1軒だけの村に、母親と従妹と暮らしている。ある日、ほぼ不在である地図製作者の父親が、短波ラジオを持ち帰る。ノアが最初に聞いたのは、「九十数マイル北東」の村クイルに住む親友ペリーが、氷が張った池で一輪車に乗っていて、氷の下に落ちて溺れ死んだ、という報《しら》せだった。ペリーは両親と離れ、先住民クリー族の女性であるおばと、白人であるおじと一緒に暮らしていた。互いに喪失感を抱えていたから、友となれたのかもしれない。

ペリーが死んだ後、ノアは次の夏もクイルで過ごすと決める。ノアが村の住民やクリー族の人々と交流する日々が、北国の風景とともに描かれる。クイルでは、人々は自然とともにあるから、風景もまた人々と同じくらい重要な役割を果たす。

「ぼくたちにとって動物というのはまず聞こえるものだった」とノアは言う。想像力をかきたてるのは自然の奏でる音ばかりではない。たとえば遠くから運ばれてくるラジオの声。ノアは真空管を眺め、「オレンジに灯《とも》った銅線の優美な支流を通って人々がやってくるのを想像することができた」。もうひとつ、遠くの人々の存在を運んでくるのは郵便機。パイロットたちは、そっと見守るように出会いや別れに立ち会う。

登場人物たちが不在を受け入れていくにつれ、失われた者たちの輪郭は浮かび上がってくる。不在を存在へと転化し、慈しむような物語だ。

後半、舞台は大都会トロントへと移る。そこでもノアはクリー族の家族と出会う。困難であっても同化せずに、自分たちのやり方を通し都会で生きていく彼らの姿は、現代社会に馴染《なじ》みきった私たちに問いを投げかけてくるようでもあった。

「ノーザン・ライツ」とは「オーロラ」のことだが、小説の中では舞台であるトロントの映画館の名前だ。ノアの体験を通じて、私たちの心のなかに満ちてくる光の象徴でもあるのかもしれない。

（熊本日日新聞　2021・2・21）

『ノーザン・ライツ』
ハワード・ノーマン著
川野太郎訳
みすず書房

# 「黒人」が描く普遍的問題

「ぼくは嘘《うそ》を書きたかった」と、著者キエセ・レイモンは何度も書く。母から受ける暴力、貧困、依存症、友人間の性暴力……、自らの体験そのものを書かずに「黒人」が虐げられてきた社会を描くことは可能だから。それでもキエセはひたすら個人的な体験を書くことを選んだ。ある黒人男性の回想録を書くことは、社会の普遍的問題を描きだすことだからだ。

著者の母は政治学者で、女手ひとつで彼を育てている。キャリアがあっても、「黒人」で「女性」であることに変わりはない。その重圧が息子への態度を歪《ゆが》ませる。「黒人」であることでさらされる脅威から息子を守るために、母は息子を鞭《むち》打つ。黒人は落ち度があれば、暴力を受け、刑務所に入れられ、果てには殺されるからだ。たとえば、運転中の車を警察に突然止められ、免許証と車両登録証の提示を求められる。母は息子に「両手をダッシュボードの上に置き、一言もしゃべるな」と指示する。息子を撃たせる

## 『ヘヴィ』　キエセ・レイモン著

理由を白人に与えないために。

迫害や差別は、黒人に対してだけ起きるわけではない。年上から年下に、男性から女性に、有色人種から別の有色人種に、性的マジョリティから性的マイノリティに。差別の構図は複雑に絡み合う。だから、キエセは自分が誰かを傷つけることにも怯えている。「ヘヴィ」とは、彼の人生であり、体重でもある。不安が体重を増やし、さらには体重を減らすことに依存するようになる。

母からは暴力だけでなく「読み、再読して、書き、推敲《すいこう》する」という贈り物も受けた。キエセは、「書いて、推敲する」ことで思考し、気づき、生きのびる。「ぼくらは怒っていて、ときどき悲しかったが、それだけではなかった」とキエセは書く。黒人の豊かさ、同胞とのつながりもまた、彼をつくったからだ。とくに祖母の存在は、黒人の豊かさの象徴のように見える。「暴力と愛」「正しさと過ち」「嘘と真実」、それらは相反しながら、同時に存在することができるのだと、彼の思考をなぞりながら考えた。

（熊本日日新聞　2021・7・25）

『ヘヴィ　あるアメリカ人の回想録』
キエセ・レイモン著
山田文訳
里山社

# 黙らずに「考えること」促す

「○○に政治を持ち込むな」という言い方をときに耳にする。大根1本の値段にだって政治は関係するというのに、解《げ》せない。私たちは日本という国の主権者なのだから、すべての人に言葉を発する権利があるはずなのに。言葉を取り上げられないためにも黙ってはいけないなと「拾われた言葉」を読みながら思った。

本著は、新聞、書籍、ラジオ、テレビ、雑誌、SNSなど、著者が街中の声に耳をそばだて、言葉を拾い集め、その言葉について考えた本。『暮しの手帖』の2016年から2022年までの連載が書籍化された。

頁の下部には「この頃の出来事」が1行で記載してあって、大事な出来事なのについ忘れていたことも再確認できてありがたい。ほんとうにいろいろなことが起きた時期だった。熊本では地震があったが、街が落ち着きを取り戻したかと思えばコロナ禍がはじまり、ウクライナ侵攻があり、元首相銃撃があり、いまだ不安は続いている。

どの言葉にも重みを感じたが、公認心理師の方の「『誰かを殺したい』と口にする人がいたら、臨床現場では『助けて、と言っている』と受け取ります」という言葉が頭から離れない。「一旦レールから外れると戻れなくなる。外れてしまった人たちがなぜ戻ってこられないのか、そこを丁寧に考え続けたい」と著者は結ぶ。「拾われた言葉」そのものや著者の論考よりも、それらが複合的に「考えること」を促す力が、この本のいちばんの魅力ではないだろうか。

「言うこと聞かせる番だ俺たちが」。亡くなるまで病と闘いながら、路上で声を上げ続けたラッパー・ＥＣＤの言葉だ。３・11以降、逃げ回る為政者へと向けられた言葉。それを受けて、「主権は国民にある。ここを勘違いしているのは、政治家だけではない」と著者が語る。反対したからって何も変わらないと冷笑する人たちには、反対しなかったら何も変わらないと答えたい。「怖がって沈黙する人々の国にだけはならないようにしよう」とロシアの反政府活動家のナワリヌイも言っている。

（熊本日日新聞　２０２２・10・23）

『今日拾った言葉たち』
武田砂鉄著
暮しの手帖社

# さびしくて奇妙な三角関係

元夫である坪内祐三と別れ、末井昭と暮らしはじめた写真家・神藏美子《かみくらよしこ》は、元夫とも特別な関係でいることをやめられない。3人が承知の上での奇妙な生活を、当時の日記と写真で綴る私的ドキュメンタリー。彼女は、有名評論家になっていく坪内祐三の自我の受け手であることへの執着や、彼の新しい恋人への嫉妬すら綴る。そして、母親のダイナマイト自殺という過去を持つ末井昭には、完全無欠な独立独歩の自我を感じている。

著者は、元夫のところへ通い続け、写真を撮らずにいられない。二人が仲睦《なかむつ》まじかった頃と彼女が家出した後では、彼の表情は違っている。もちろん、元夫の心情の変化だけではなく、末井昭の存在も写し、淋《さび》しい自分も撮る。3人とも誰かに嫉妬している。だから、みんな淋しい。写真集をつくってセンチメンタルな気持ちから抜け出すつもりが、過去の海を泳ぎ続け、ときに溺れることにもなった。

日記も写真も、時系列ではない。彼女の思考が行き来するように、出来事も行き来する。「三軒茶屋二丁目路地」の写真が、たびたび出てくる。彼女が元夫と暮らしていたマンションの近くであり、のちに彼女が借りたスタジオのそばでもある。いろんな気持ちで、そこを歩いたはずだ。写真の中の生垣《いけがき》や住宅、アスファルトの路《みち》、それらは過去の出来事だけではなく、感情も思い起こさせることだろう。

そこに、涙はあるが、後悔はない。

（西日本新聞　２０１８・４・28）

『たまもの』　神藏美子著

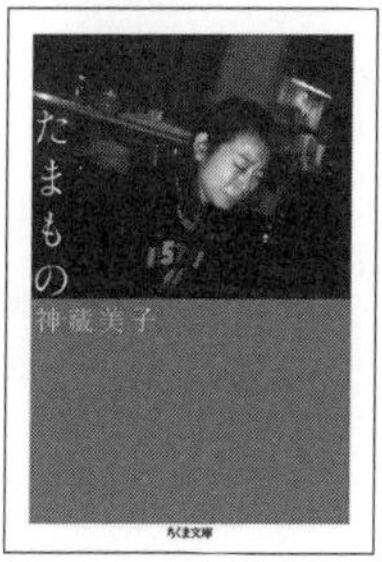


『たまもの』
神藏美子著
ちくま文庫

# 脳内で言葉を咀嚼しながら

カリフォルニアと日本を行きつ戻りつ、遠距離介護に、夫の看取り、東奔西走する詩人である著者が、ウマし、マズし、と叫びながら食を語る。菓子パン、鰻《うなぎ》、パンケーキ……、なじみ深い食べ物ばかりである。しかし、読み進めるうちに、見知っているという確信が薄れていく。詩人が咀嚼《そしゃく》した途端、それらは口にしたことのないような魅力的なものになったり、得体のしれないものになったりする。私もそれを味わいたい、と読みながら思う。その実、食べ物そのものではなく、それらを形容する言葉に惹かれている。本を読むことで、私たちはすでに食べているのかもしれない。

舌の奥から喉へ、そして脳へ、震えが走ってしゃきっとするのである。

著者が、醤油《しょうゆ》多め、ご飯少なめの卵かけご飯をすすり飲むくだりだ。私が知っている卵かけご飯とは明らかに違うそれを、脳内でうっとりと咀嚼する。

食エッセイと書いてあるが、これがウマい、あれがマズいと言いながら、書かれているのは人生そのもの。卵かけご飯を父と自分をつなぐ一つの線だと感じ、若いころにむさぼり食ったジャンキーな食べ物に魅力を感じなくなったことには、肉体の変化を意識する。

食べ物の話と思いながら読む私たちを詩人は鮮やかに裏切り、時代を語り、文化を語り、人そのものをあらわしていく。そして、食べ物がわが身そのものだという当たり前のことに、私たちも行き当たる。

（西日本新聞　２０１８・５・26）

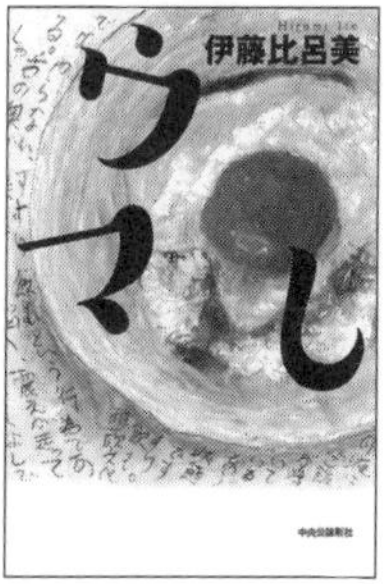


『ウマし』
伊藤比呂美著
中央公論新社

# はじまりとおわりと

写真家・川内倫子《かわうちりんこ》の写真絵本。写真だけでなく、言葉も著者が紡いでいる。出産を経験し、母となった彼女の視線の先にあるものは変化したのだろうか。そこに写るのは、子どもの目に映る世界。その視線ごと見つめる大人のまなざし。ともに過ごしている時間が、絵本全体を包み込んでいる。写真は光を写すものだが、写真だけでなく、言葉にも光が満ち溢《あふ》れている、と感じた。光そのものではなく、闇が導く光もある。写真と言葉が、ともにそこへといざなう。

かわはいつでもながれている
しゃぼんだまがいつまでもまるくないように

いのちのはじまりとおわりを循環させるように、そっと、言葉が置かれている。これまでも、彼女の写真には生と死の両方が隔てなく存在していた。光が暗闇をつくり、暗闇が光を与えるように。

生きていると、いろんな出会いがある。それと同じくらい、喪失もある。恩恵は出会いだけにあるのではなく、失う瞬間にも私たちは何かを受け取っている、と頁を繰りながら思った。失うことを考えるのはときに怖いが、おわりははじまりへとつながっていくのだ。本著は、その循環を慈しんでいるのではないだろうか。写真の中におさめられた視線をたどり、綴られた言葉に誘われて、読者もそれぞれの記憶の中のおわりとはじまりを想うだろう。生きてきた時間の中の、もしくはこの先の、それぞれの「はじまりのひ」を私たちも慈しむ。

彼女の視線の行く先が変化したのではなく、より深いまなざしを手に入れたのだ。

（西日本新聞　２０１８・６・23）

『はじまりのひ』
川内倫子写真・文
求龍堂

# 混乱そのものを体験する物語

そこに物語はあるが、起承転結を求めて小説を読む人は混乱するかもしれない。むしろ、その混乱そのものを体験するために物語の中へと迷い込むべきだろう。

主人公は、迷子になっている。空間も時間も定まらず、混沌《こんとん》としている世界をさまよっている。ただやみくもに迷っているのではなく、導く者が次々と現れる。海辺の老人、言葉を話さない少女アゲハ、コンパス売り、ネズミ……。彼らにはみな心惹かれたが、とくにアゲハが気になった。彼女は話さず、手のひらや胸に文字を書いて言葉を伝える。主人公はそれを皮膚で理解する。彼女は声を出すこともある。それは言葉ではなく、音のようであり、歌のようでもある。彼女が出す音は、石ころが転がる音や、流れる水どうしがこすれる音、穴を吹き抜ける風の低い音などに似ている、と語られる。そんなに魅力的な声ならば、聞いてみたい。

物語が進んでいくにつれ、主人公は、あちらこちらへと移動を重ねる。しかし、出口は一向に見えず、むしろ帰ることや探すことに意味はないと、導く者たちからたびたび諭される。抗わんことだ、と。

私たちは、この社会でいつなんどき迷子になるかわからない。文字通り、道に迷うこともあれば、思考が迷子になり、人間関係が迷子になり、人生に迷う。しかし、主人公を導いてくれる者たちの言葉を聞いていると、迷うことはさほど問題ではないという気がしてくる。大いに、迷えばいいのだ。

（西日本新聞　2018・7・28）

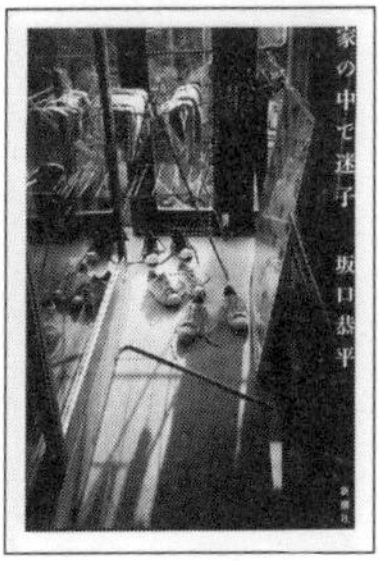


『家の中で迷子』
坂口恭平著
新潮社

『家の中で迷子』　坂口恭平著

# この世とあの世のあわいの声

『花びら供養』に続く随筆集で、インタビューや対談、講演録も収集されている。語り言葉からは石牟礼さんの人となりも見えてくるので、いままで石牟礼文学を読んでこなかった人も、その世界に入りやすいのではないかと思う。語りに耳を傾けると、悶《もだ》え神、山のあの人たち、水俣病患者の声……石牟礼文学に通底する重要な言葉が、いくつも響いてくる。「悶え神」とは、苦しんでいる人の傍らに身を置いて、ともに悶えることができる者のこと。

冒頭に「光の中の闇――わが原風景」という随筆がある。これをひとつ読むだけでも、この本を買う価値があると思えるほど、こころが震えた。わずか3頁ほどの文章に、彼女の原風景が見事に立ち上がる。

「東《あがり》うちむかて飛びゆる綾蝶《あやはびら》」という南島歌謡のうたい出しの、あやはびらとは、魂《まぶり》、生きまぶりのことをいうのです、と島尾敏雄氏に教えられたとある。孤島の魂であるあやはびら。

萩や女郎花《おみなえし》の咲きしだれる下蔭に寝かされていた赤んぼの頃、まさに感じたのは、あやはびらの感覚だったと石牟礼さんは思う。浮上する感覚と、大地を感じている感覚が分裂することなく、赤んぼの身体を包み込む。その原風景は、彼女にこう書かせる。

> この世にまだ、いのちを得ぬものたちの世界に、半ばは身を置いている、という感じが、もの心ついて以来ある。

だからこそ、この世とあの世とのあわいの魂の声を聴きとり、私たちへと手わたしてくださった。残された言葉を、心静かに、体内に沈みこませたいと願うばかりだ。

（西日本新聞　2018・8・25）

## 『綾蝶の記』　石牟礼道子著

『綾蝶の記』
石牟礼道子著
平凡社

# 日記や手紙からたどる戦争

ナチス・ドイツの武装親衛隊に入隊し、19歳の若さで戦死した兄。その弟である著者が、残された日記や手紙から、彼の人生を追い、家族を見つめ、自らと読者に多くの問いを投げかける。

当時3歳であった著者の、兄についての唯一の記憶から物語ははじまる。戸棚の後ろに誰かが隠れている。その誰かに体が抱き上げられ、笑い声や歓声があがる。抱き上げたのは兄で、その数カ月後、彼は戦死する。

それからは、不在によって、兄は存在し続ける。写真や日記、あるいは、父や母、姉の記憶の中に。ただし記憶は、彼らがこうであったと思いたい記憶でしかない。自らも軍人だった父にとって、兄は「勇者」であった。兄の野戦郵便や日記を読み、属していた陸軍師団の戦場日誌と比べてみようと思うが、いざ読みはじめるとすぐに作業を中断してしまった、と語っている。自由に書けるようになったのは、兄を知っていた最後の人間である姉が亡くなってからだという。
　ある日の日記には、こう書いてある。「七五メートル先でイワンがタバコを吸っている。俺の機関銃のえじき」。イワンとは、ロシア人に対する蔑称だ。この書き込みについて思いを巡らせることは、容易ではなかったはずだと想像する。〝機関銃のえじき〟となる彼にもまた、同じように父や母や、恋人がいたかもしれないのだから。
　この物語は、ドイツだけに向けられたものではない。戦争を経験したすべての人間に通ずる。世界中で、一個人が全体に飲み込まれようとしているいま、私たちに必要なのは、想像力と、問いを投げかけ続ける努力ではないだろうか。

（西日本新聞　2018・9・22）

『ぼくの兄の場合』　ウーヴェ・ティム著

『ぼくの兄の場合』
ウーヴェ・ティム著
松永美穂訳
白水社

# 声は音の中だけでなく

著者は先天性のろう者だ。2歳の頃、聞こえないことがわかってからは、補聴器をつけて発音訓練に明け暮れる日々がはじまったという。幼い頃の鮮やかな記憶がない、と書いてある。そこにあったのは音声の表面で、「声」が残っていなかった。

彼が、「生きている会話」をできるようになったのは、ろう学校へ通いはじめ、手話を使うようになってから。著者は写真家でもあるから、彼の眼を通して語られる、聾《ろう》する者たちの声は魅力的だ。通学中の挨拶、遠く離れた友達との手話、雄弁な顔や手や指。読んでいる者の想像をかきたて、映像を浮かび上がらせる。彼らの声色の違いに思いを馳せるが、私の想像力では追いつかない。試しに知っている手話をやってみる。手と手を向かいあわせて、人さし指だけを立て、お辞儀をさせて、こんにちは。私の挨拶はきっとかなりぎこちないだろう。彼らの優雅な指の動きとはほど遠いが、やってみると、彼らとの距離がほんのわずか縮まったような気にもなる。

声を獲得した著者は、幼い頃の記憶も取り戻す。あぐらをかいた足のなかにおさまった我が子の体温が、皮膚にひそんでいた記憶を呼び覚ます。声は、音の中だけにあるのではない。彼は、まなざしや、格闘や、抱擁の中にも声を聴く。そこには、悪意の声もある。ことばが無くとも、皮膚や五感のあらゆるものを通して、雄弁に話すことができた、と書いてある。聞こえる、聞こえない、異なる私たちは、声を交わし、気持ちをわたすことができると知った。

（西日本新聞　2018・10・27）

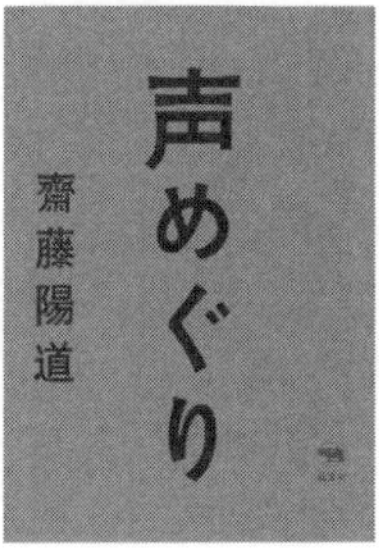


『声めぐり』
齋藤陽道著
晶文社

『声めぐり』　齋藤陽道著

# 時空を超える老人たち

介護付き老人ホームで暮らす3人の老女と、その家族を中心に描かれた小説だ。女たちの人生に、戦中戦後の日本が浮かびあがる。読みながら、死んだ祖母のことを考えた。祖母の生前にこの本と出会えていたならば、もう少し、認知症になった祖母とうまく会話ができたであろうと。

老女たちはみな、認知症が進行している。時空を超えて過去と現在が混ざり合う場所に存在し、生きなおしているとも言える。たとえば、娘が淹《い》れてくれたジャスミンティーの香りに誘われて、天津の日本租界で優雅に暮らしていたころの友人たちに会うことができたりする。認知症は自由ですよ、という施設の介護士の言葉を読みながら、祖母もそうだったなとつくづく思う。

兄たちだけではなく、兄弟のように育った馬たちも戦争にとられてしまったおばあさんがいて、枕もとを訪ねてくる馬たちに彼女は謝る。「ハヤトー、ナルオー、ミツルやー。すまなかったなー」。馬たちも答える。「あねっさ。おらだっちいねで、えらかっつらァ。はよ、こっちきまっしょ。おがっつァもいまっさァ」。彼女たちにとっては、介護施設も天津も、育った田舎も、すべて眼前に在る。在るのだから、それは偽りの世界ではないし、いまを生きていることに変わりはない。

認知症が進んだ祖母の言動にいらついたり、不憫《ふびん》だと思ったりしてしまった記憶がよみがえる。彼女が見ているものに、ちっとも想像力が及んでいなかった。自在に時間を行き来する老人たちが見事に描かれているこの物語を読んで、そのことに思い至った。

（西日本新聞　2018・11・24）

『エリザベスの友達』　村田喜代子著

『エリザベスの友達』
村田喜代子著
新潮社

# 社会の底辺に生きる人々の声

詩人、小説家、翻訳家であるリン・ディンが、アメリカを旅しながら出会った、社会の底辺に生きる人々の声を掬《すく》いあげる。ホームレス、退役軍人、日雇い労働者、薬物中毒者……。彼が言葉を交わすのは、荒廃した都市の見過ごされている人たちだ。リン・ディンも、移民で、大学中退者で、生まれてからずっと金で失敗してきたアウトサイダーだ、と自身のことを語っている。

彼は町に着くと、地元の人間に会うためにまずバーを探す。「知らないバーに入るのは、馴染みのない社会に飛び込むのと同じだ」と彼は言う。酒を飲むのはバーだけではない。路上でも飲む。そして通りすがりの人々と会話を交わす。長距離バスの停留所で、安ホテルで、あるいはあらゆる路地をひたすら歩きながら。そうして出会う、底辺でなんとか生き残ろうとしている人たちは、社会では一括《ひとくく》りにされているかもしれないが、ひとりひとりが違う声を持ち、それぞれの人生を歩んでいる。リン・ディンはその声に耳をすまし、彼らを詳細に観察し、町や都市の姿をありありと浮かび上がらせる。そこに私たちは、むきだしになったアメリカを見る。

どん底に生きる彼らは、不思議と絶望しているようには見えない。「来る日も来る日も負け続けるのは、肉体的にも精神的にも、エネルギーが必要だ」とリン・ディンは語る。だから、死にかけたままで、それでも生きなきゃならない強さに満ちている彼らの言葉は、詩のように響いてくるのだ。

（西日本新聞　2019・1・5）

『アメリカ死にかけ物語』
リン・ディン著
小澤身和子訳
河出書房新社

# ものに宿る記憶

〝もの〟は記憶を宿す。その宿された記憶をたどり、声を聴く物語。

台湾に暮らす主人公は、20年前の父の失踪とともに消えた「幸福」印の自転車を探している。当時、自転車は高価なものだった。同じ型を探しているうちに、まさに父のものだった自転車とめぐりあうのだが、そこから時を遡《さかのぼ》り、日本統治下から現代に至るまでの自転車にまつわる物語が繰り広げられる。自転車に宿された記憶をたどるうちに、さまざまな記憶が呼び覚まされていく。

たとえば、父の自転車の荷台に乗せられ、小児科へと向かう「ぼく」の姿。乗せられている「ぼく」はいつも病気で、咳《せき》をしているか、熱が出ていた。次第に成長し体重が増える息子と、年を取りペダルを踏む息が荒くなる父。「ぼく」は父の背中にくっついて荷台に乗ることはなくなり、心理的距離と同じように父の背中との距離も遠くなる。

語りは現代から過去を縦横無尽に行き来し、種族を超え、豊かな台湾の自然を内包しながら絡み合う。戦時下の東南アジアのジャングルの中を走る銀輪部隊。戦争に利用され、仲間を失ったゾウの哀悼の声。樹の庇護《ひご》のもと生き残った兵士たち。

古物を売る「福じい」は「ものは、人に使われて、生き続けるものだ。人に触られているものには『気』が通るからな」と語る。この小説の翻訳者である天野健太郎さんは、残念ながら本書の刊行直後に亡くなった。著者・呉明益《ごめいえき》にとって「最高の翻訳者」であり、「信頼に値する翻訳者」だったそうだ。見事に訳されたこの本も〝もの〟として残り、記憶を宿すに違いない。この本をいつかまた読み返すとき、そこから聞こえる声には天野さんの声も重なっている。

（西日本新聞　2019・2・2）

『自転車泥棒』
呉明益著
天野健太郎訳
文藝春秋

# 物語の底に響く祈り

おくるみ、うぶぎ、しお、ゆき、こおり……。

戦争でほとんどすべてを破壊され、雪景色のように「白い」都市となったワルシャワ。異国であるその場所で、著者は白いものについての物語を書きはじめる。たとえば、翼を半分たたんだ鳥のように落下するハンカチ。白く笑う、という表現。生きているという証の白く凝《こご》った息。そして、2時間でこの世を去った赤ん坊の産着。

白いものは、そのほとんどが短い断章で語られる。それは詩と言ってもいいのかもしれない。手触りも色味も違う幾種類かの白い紙でつくられた本そのものの佇まいも、詩のように美しい。彼女の記憶の底に沈んでいる白、日常に垣間見る白。白を語ることで、彼女は死を生とへだてることなく、再生へと導いてゆく。

彼女の母親が産んだ最初の赤ん坊の記憶が何度も繰り返される。突然陣痛がはじまり、たった一人で赤ん坊を産み、2時間後に失ってしまう母親の「しなないでおねがい」というささやき声。この言葉に込められた祈りが、物語の底に常に響いている。
その声は、言葉を知らないうちに死んだ赤ん坊の唯一の記憶だ。その願いが聞き入れられなかったからこそ彼女は存在し、その死の物語の中で育った。はたして、その赤ん坊は本当に死んでしまったと言えるのだろうか。赤ん坊の唯一の記憶を想い、その吐き出される最期の息を想うとき、彼女とともに生きているとも言えるのではないだろうか。

（西日本新聞　２０１９・３・２）

## 『すべての、白いものたちの』　ハン・ガン著

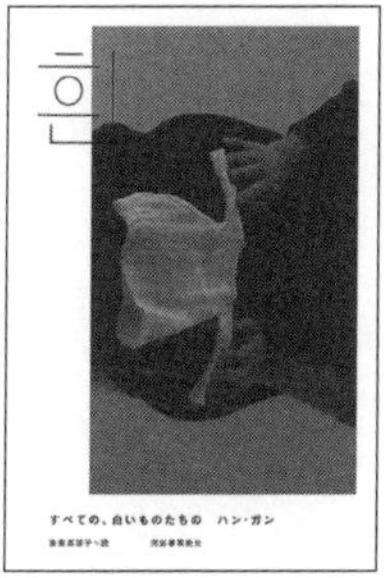


『すべての、白いものたちの』
ハン・ガン著
斎藤真理子訳
河出書房新社

# 回復の先にあるもの

著者はロンドン在住の経済学者で、夫も同業者だ。2004年の12月、彼女はスリランカ南東の海岸沿いにあるヤーラ国立公園で、夫と二人の息子、両親と休暇を楽しんでいた。そこへ、クリスマスの翌朝、スマトラ島沖地震による津波が押し寄せ、彼女は家族すべてを失う。

まず初めに彼女を襲うのは混乱だ。もう二度と家族に会えないかもしれないという恐怖。何が起きたのかさえわからない不安。そして、ひとり生き残ったことへの罪悪感が追い打ちをかける。生き続けることの残酷さが彼女を苛《さいな》み、死者を想起させる断片すべてが刃を向けてくる。いままで当たり前にあった日常のひとつひとつを、もう起きない出来事だと自分に言い聞かせる。それなのに、ありとあらゆるものが、かつての彼らを思い出させる。芝生の一本の草さえも我慢ができない。息子がふみつけるはずの草だと思ってしまう。「見る」ことが、喜びではなく、恐怖となる。どうして私は死ななかった？　と、生きることを拒絶する日々が続く。

しかし彼女は、失ってしまった彼らを、書くことで取り戻していく。目をそらし続けた彼らのディテールを、収集することができるようになっていくのだ。

混乱と拒絶を経て、ようやく彼女は家族をよみがえらせることを自分に許す。ここまで大きなものではないとしても、私たちは誰もが何かを喪失しながら生きているのではないだろうか。しかし、それを乗り越えた先には回復があり、やはり何かしらの美しいものが存在するということを、彼らの人生が証明しているようであった。

（西日本新聞　２０１９・４・６）

『波』
ソナーリ・
デラニヤガラ著
佐藤澄子訳
新潮社

# 天井にぶら下がるそば2、3本

帯に並ぶ著者名を見るだけでもぞくぞくする。本好きには垂涎《すいぜん》ものの、平松洋子さんが選んだ「食べる」をめぐるアンソロジー。詩や俳句、小説に随筆と、多岐にわたる魅力的な作品が並ぶが、仄暗《ほのぐら》いものが多い。その仄暗さが、読んでいるこちらの記憶をも引き寄せる。

冒頭におかれた佐野洋子の短い随筆は、鮮やかに場面が展開する。大晦日の夜、ひっくり返されたちゃぶ台が父の不機嫌を浮き彫りにするが、飛んでいったそば2、3本が天井からぶら下がっていることによって、打って変わって明るい食卓へと反転する。家族の食卓とは、明るさだけでなく、暗さすら引き受ける。

食べ物を咀嚼する行為の向こうにあるものは、その舌の記憶とともに刻み込まれる。平松さんによって書かれた解説の「唇の奥には何がある」という一文を読んで、おもわず自分の記憶を振り返った。そこにうごめくものは、さまざまな感情だ。情愛もあれば、痛みもあり、喜びも悲しみもひそんでいる。咀嚼したものは嚥下《えんか》され、消化され排泄《はいせつ》されるが、それでも残ったものがときに記憶となる。

描かれるものは、食べ物とは限らない。収骨室で「物を食う手つき」で白い骨をひろう者たちを描く、石垣りんの「鬼の食事」という一篇の詩。そこには咀嚼の果てに尽きた身体を取り囲み、箸を取り上げる人々がいる。私たちは、その姿になるまで食べ続け、記憶を刻み続けるのだろう。その記憶はまた、遺されたものの血肉となる。

（西日本新聞　2019・5・4）

『忘れない味』　平松洋子編著

『忘れない味
「食べる」を
めぐる27篇』
平松洋子編著
講談社

# 若者だった、あの頃

ひとり出版社・夏葉社の島田潤一郎さんが、正直にそして愛情をもって綴る、私的な1990年代。夏葉社の別レーベル「岬書店」から刊行されている。

若者だった時代というのは誰にとっても特別だ。子どもとも大人とも認められない不安定な自分を持て余し、お前は誰だと自分に問いかける日々。だが、いつの日か振り返ると「たのしかったね」と言えないこともない時間であったりもする。島田さんがその時代をともに過ごすのは、フィッシュマンズの佐藤くんやB'zに、W村上、エロ本、戦後50年の空気、そして友人たち。

同時代に若者として生きた人が読めば、思わず「わかるわかる」と頷《うなず》きそうになることだろう。村上春樹と村上龍はどっちが好きか？　という問いに答えた覚えがある人もいるはずだ。私は少し世代が上だが、答えた覚えがある。読みながら頭の片隅に浮かぶのはやはり、自分が若者として過ごした時間のこと。その頃に読んだ本、聴いた音楽が、彼らの時代とオーバーラップしてよみがえってきて、甘やかな気持ちになったり、せつない気持ちになったりする。

だからといって、ただ昔を懐かしむ、ということではない。そこには抗いがたい喪失がある。本を読んだり、音楽を聴いたり……、それらを「だれかとつながりたいから、やっているのではないか」と、友人を失った著者は考えるようになる。失ったものがあったからこそ、著者はひとりで出版社を立ち上げることができたのだ。

（西日本新聞　2019・6・1）

## 『90年代の若者たち』　島田潤一郎著

『90年代の若者たち』
島田潤一郎著
岬書店

# 哀れなのは人間かもしれない

オーストラリアの絵本作家・ショーン・タンの5年ぶりの新作。

私が初めてショーン・タンの絵本に出会ったのは10年以上前のことだ。当時、海外に住んでいた友人が土産に持って来てくれた。のちに国内でも刊行された『アライバル』の仏版だったが、言葉のない絵本なので読むのに差し支えはなかった。新しい土地に移民した者たちの物語で、言葉はなくとも緻密な絵で描かれており、彼らの感情の機微を豊かに表現していた。

今回の『セミ』は『アライバル』と比べると画面の構成はシンプルだが、短い言葉と見つめてくるセミの眼が、多くを物語っている。主人公はサラリーマンとして働くセミ。グレーのスーツに白いシャツ、そして黒いネクタイを締めている。高いビルの細かく仕切られた部屋の中でデータ入力の仕事をしていて、欠勤もミスもない優秀な社員だ。しかし、セミだから昇進もしないし、同僚からは嫌がらせを受けている。セミは文句も言わず17年間コツコツと働き続け、定年を迎える日がくるが……。

会社の中は主にグレーを基調に描かれている。セミに同情を寄せながら頁を繰っていくと、そこが日本の社会、あるいは世界中のどこかと違いがないことに気づき、ひんやりとした感情が湧いてくる。セミに同情している場合ではない。

すべてめくり終わると、背表紙に書いてあった。

「セミ　おはなし　する。よい、おはなし。かんたんな　おはなし」……。

哀れなのはセミではなく、人間なのかもしれない。


（西日本新聞　2019・7・6）

『セミ』
ショーン・タン著
岸本佐知子訳
河出書房新社

# 心臓にそっと触れてくる言葉

普段は音の世界で表現するマヒトゥ・ザ・ピーポーが綴った初の小説。彼の曲の中に「なんでもないただのドレミの羅列で悲しみではなく人は涙を流したりします」という歌詞があるが、それを言葉でやろうとしているのではないかと思った。

カバーを外すと文字が現れる。私はそれを、本文を読み終えてから読んだ。もし先に読んでしまっていたら、物語の印象はかなり変わっていただろう。あえて物語の内容を説明するとしたらSFということになるのだろうが、ある設定以外は突飛なことは何ひとつ起きず、日常の中で物語は進んでいく。ささやかで壊れやすい生活と、優しいからこそあやうい人たちが淡々と描かれていくばかりだ。

ふと聞こえた音のつらなりが心の奥底に触れて、ふいに泣きたいような、なにかをたえたいような気持ちになることがある。物語の中の人々――海外に行ったことがない英会話講師、長い間曲を作っていないミュージシャン、シングルマザーとその娘、ホームレスのじいさん——彼らが何げなく発する言葉が、音楽と同じように心臓にそっと触れてくるような気がした。たとえば、ホームレスのじいさんがつらつらと言葉をこぼして語る田舎の光景は、雨上がりの葉からこぼれ落ちる水滴のようで、私はたとえこの光景を見たことがなくとも、その手触りを知っていると感じた。

著者の音楽に通奏低音のように流れる音を言葉に置き換えたら、この物語になるのではないだろうか。

（西日本新聞　２０１９・８・３）

『銀河で一番
静かな革命』
マヒトゥ・ザ・ピーポー
著
幻冬舎

『銀河で一番静かな革命』　マヒトゥ・ザ・ピーポー著

# 溶け合うふたつの声

かつて愛し合い、いまは離ればなれとなった「私」と「ぼく」。二人の作家が、往復書簡の形でそれぞれの声を綴り、物語が紡がれる。14通の手紙には、二人だけが知る哀《かな》しい秘密が編み込まれており、二人を隔てることになった出来事が次第に明らかになっていく。

冒頭から、ひたひたと寄せる波のような痛みの気配がある。少しずつ姿を見せるその細部は美しく、標本のようでもある。失われた日記、投瓶通信、旅行鞄《かばん》の把手《とって》に縫い込まれた詩……。言葉で刻まれた悲しみの痕跡は、道しるべの小石のように手紙のそこここにそっと置かれ、私たちは息をつめて、それらを探し、彼らの足跡をたどる。ひとつひとつ手触りをたしかめ、口の中で転がしてみることさえ、するのかもしれない。

二人の声は、別の作者が書いているにもかかわらず、同じ秘密を抱えるものの親密さで溶け合っていく。読みはじめの頃に感じたわずかな声の差異はいつしか消え去り、ついには言葉の存在すら消えていき、ことりのくちばしからもれるかすかな音を聴いているだけのような気がしてくる。

この本を銀行の待合で、湯船で、あるいは布団の中で読んだ。私には、人のさざめきや扉の向こうで鳴く猫の声や、濡《ぬ》れた車道を走る車の音が聞こえていたはずだ。しかし、文字を追うごとにそれらの音は遮断され、鼓膜の奥のほうにささやかれ続ける二人の声が身体に満ちていき、世界と隔たっていくような感覚を覚えた。

（西日本新聞　2019・9・7）

## 『あとは切手を、一枚貼るだけ』　小川洋子／堀江敏幸著

『あとは切手を、一枚貼るだけ』
小川洋子／堀江敏幸著
中央公論新社

# なぜ本屋をやるのか

本屋を通して人と社会を取材し続ける著者が、国境を越えて出会った「本屋」たちの声に耳を傾ける。

この本で「党外人士」という言葉を知った。独裁政権下にあった台湾で民主化運動を推し進めた人々を指すという。言論・表現・報道の自由がなかった時代に、民主化につながるような出版物を秘《ひそ》かに制作する人たちが現れ、その禁書を売る本屋もいた。彼らもまた「党外人士」というべき人たちだった、と著者は知人から教わり、これまでに出会ってきた幾人もの本屋の顔を思い浮かべる。

韓国や台湾では、個人に言論の自由がなかった時代の記憶がいまだ鮮明だ。そして香港では、いままさにその危機に直面している。日本もかつてその自由を剝奪され、取り戻したように見えるが、はたしてどうだろうか。

「東アジアの古書店街」を研究対象にしているアメリカ人大学院生が登場するのだが、

彼女にとっては、東アジアの本屋文化がとても複雑なものに映るそうだ。彼女のトークイベントに参加した神保町の老舗書店の店主は語る。「こんな時代に、なぜ本屋をやるのか」と問われたら、そう簡単には答えられない。「なぜ生きるのか」と訊かれるようなものだから、と。

私はこの問いに答えられるだろうか。紙の本の需要は減少し、書店の数も減り続ける。しかし、その一方で、小さな本屋が新しくできてもいる。この本は、なぜ本屋はなくならないのかという問いの、ひとつの答えでもある。

（西日本新聞　2019・10・5）

『本屋がアジアをつなぐ』　石橋毅史著

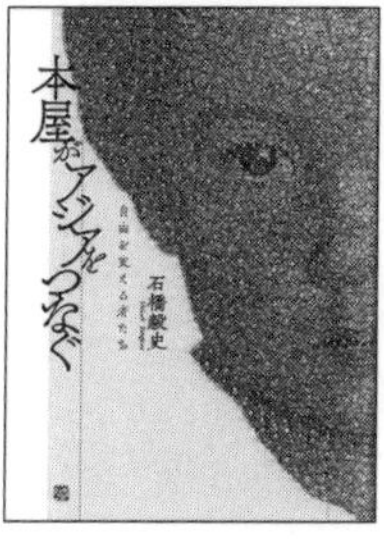


『本屋が
アジアをつなぐ
自由を支える者たち』
石橋毅史著
ころから

# 最後の恋文

樹木希林《ききき りん》さんが亡くなってからというもの、雨後の筍《たけのこ》のように彼女の言《げん》を拾って並べる本が出版された。本人が知ったらどう思うだろうか、とつい考える。

本著は、映画監督・是枝裕和《これえだひろかず》による樹木希林インタビュー集だ。彼女の娘である内田也哉子《ややこ》さんのエッセイも寄稿されているのだが、是枝裕和の眼と、樹木希林の眼が「合った」ことは、もはや事件だ、と書かれている。彼女の鋭くも温かな筆致も読み応えがあり、これまでの格言集のような本とは一線を画している。希林さんと是枝さん、二人の濃密な仕事を通してじっくりと語られた対話は、彼らの仕事を別の側面から補強する。この本を読んで、私は猛烈に希林さんが出演した是枝さんの映画を見返したくなった。

是枝さんは、「樹木希林」を面白がる。手放しにあがめるのではなく、その不完全さも含め探ろうとするから見えてくる、樹木希林の姿がある。「婆《ばあ》さん独特の図々《ずうずう》しさがもう少しあってもよかった」という演技に対しての後悔や、久世光彦《くぜてるひこ》への愛憎相半ばする感情の発露が印象的だ。

それぞれのインタビューの各章末には、当時を振り返った是枝さんの考察が書き加えてある。そして、おわりの言葉に「『不在』を恋しく思う。この『恋ふ』ことを業《なりわい》にする不幸な質《たち》の人間が作家になるのだと思うが、その意味でこの本は僕にとってはもう届くことのない『恋文』なのだろうと思う」と書いてある。

この本は、是枝さんから希林さんへの最初で最後の恋文でもあるのだ。

（西日本新聞　2019・11・2）

『希林さんといっしょに。』　是枝裕和著

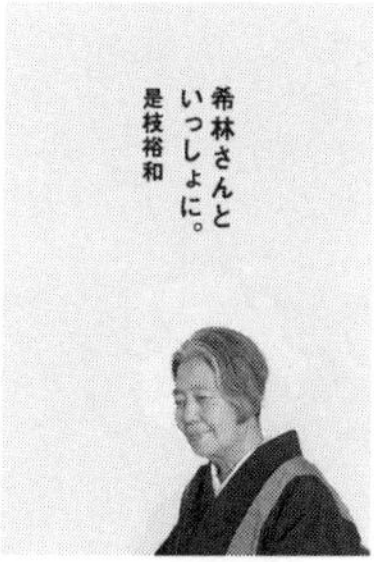


『希林さんと
いっしょに。』
是枝裕和著
スイッチ・パブリッシング

# 街の凸凹を守っていきたい

地方出身者であれば、著者の気持ちが身に染みる人は多いだろう。彼女と違って外に出て暮らしたことのない井の中の蛙《かわず》だが、私もそうだ。

著者は大学で大阪へ行き、のちに就職で上京し、30歳を目前に地元富山へと戻った。そこにあったのは、外から眺めた切なく寂しい故郷ではなく、「まったく知らない風景なのに、なぜか見覚えがある」東京のどこかで見たような風景だった。

いざ生活してみると、街は新しくなろうとも、「煮しめたような価値観」は地元の人々の中に生きていた。アラサーともなれば、結婚して子をもうけるというのが〝普通〟の規範。そこからはみ出ることを厭《いと》う人々。帰郷してすぐに彼女が感じるその保守的な空気は、私もよく知っているものだ。地元に居続けていても感じるのに、一度外に出た人にとって、その閉塞感や疎外感は呼吸を困難にするほどだろう。だが、彼女はそのまま沈みはしない。自分を捨てることなく故郷で生きていこうともがき、その姿を正直に楽しく描いていく。富山という街が人間臭さを失ってしまう前に、「今、生きているこの場所を、どこまで面白がれるか」を実践している友達を味方につけ、おもしー（おもしろい）富山を発掘していくのだ。

　昨今では、どこの地方都市に行っても、同じようなチェーン店が建ち並ぶ。街も人も個性があるから面白いはずなのに、まるで金太郎飴だ。私たちも彼女の文章を道しるべに、残された街の猥雑《わいざつ》さを嗅ぎつけよう。たとえ壊されるとわかっていても、街の凸凹を見守っていきたい。

（西日本新聞　2019・12・7）

『どこにでもある
どこかになる前に。
富山見聞逡巡記』
藤井聡子著
里山社

『どこにでもあるどこかになる前に。』　藤井聡子著

# 1行目で恋に落ちた本

読み終わってすぐに、また最初の頁を繰っていた。そんなことはめったにない。

著者の生涯は、とてもひとりの人生とは思えないほど濃密だ。幼い頃から住む場所を転々とし、祖父から性的虐待を受け、母も叔父もアルコール依存症。3度の離婚を経て、高校教師、掃除婦、ERの看護師などをしながらシングルマザーとして4人の息子を育て、自身もアルコール依存症に苦しんだ。小説の材にはことかかなかっただろう。しかし、経験豊富なだけでは人の心を震わせることはできない。彼女は出来事から「ある事実」を抽出し、変容させ、登場人物たちに真実の声を与える。色や匂い、音や、土地の空気が、読者をあらゆる場所へと連れていく。

「はじめて恋に落ちた本」という表現が文中にあるが、私はこの本に掲載された24の短篇すべてに、1行目で恋に落ちた。たとえば。

「深くて暗い魂の夜の底、酒屋もバーも閉まっている」

「ため息も、心臓の鼓動も、陣痛も、オーガズムも、隣り合わせた時計の振り子がじきに同調するように、同じ長さに収斂《しゅうれん》する」

どの恋も裏切られることはなかった。夢中になって読み進み、最後の1行を読み終えた後にはいつでも、ためいきのような余韻に満たされた。

解説を寄せるリディア・デイヴィスと翻訳者の岸本佐知子が同じ箇所を引用している。私もその一文に出会った瞬間まいってしまい、自分にとって特別な一冊になると確信した。この本がいかに素晴らしいかは説明するまでもないので、最後にその一文を。

「ターはバークレーのゴミ捨て場に似ていた」

（西日本新聞　2019・12・28）

『掃除婦のための手引き書』　ルシア・ベルリン著

『掃除婦のための手引き書　ルシア・ベルリン作品集』
ルシア・ベルリン著
岸本佐知子訳
講談社

# 場は続いていく

著者は前作『へろへろ』で、型破りな介護施設「よりあい」という場所をつくりあげる人々と、その過程を描いた。今回、描かれたのは「場」そのもの。舞台は、福岡市にある「はみ出し者」たちが集まるライブハウス。次々にいかれた人たちが現われる。ミニのワンピースにゴーゴー・ブーツの鮫肌尻子。「生きてるっ　勃《た》ってる！」と歌いながら観客をなぎ倒していくオクムラユウスケ。ＰＡブースの右横でいつもビデオカメラを回しているおばちゃん……。行ったこともないライブハウスの熱狂に、いつしか巻き込まれていくかのように読み進める。

「場」をつなぐ、ということにおいて音楽にかなうものはないのかもしれない。言葉による表現のような、もどかしさというものがない。著者はそのことを「年齢も性別も国籍も、生まれも育ちも置かれた境遇も関係なく、ただ余韻をわかちあうことでつながっている」と表現する。とはいえ、この物語は音楽が主役ではなく、「場」としてのライブハウスが主役だ。世の中をうまく渡れない人々には、自分たちの居場所が必要。それは、バーのカウンターや喫茶店であったり、友達の家であったり、あるいは物理的な場所ですらなく、ＳＮＳや本の中であったりもする。

誰かが必要としている場所はふいに消えることがある。その灯を消さないようにあがく人たちの話でもある。だから読み終わっても彼らの物語が終わることはない。必要としている人がいる限り「場」は続いていく、と信じなければと思った。

（西日本新聞　２０２０・１・25）

『ブードゥーラウンジ』　鹿子裕文著

『ブードゥーラウンジ』
鹿子裕文著
ナナロク社

# そっと寄り添う
# ふたつの孤独

主人公は初老の作家だ。愛人でも恋人でもないが、彼女が誰よりも心を許せる男友だちの「あなた」も作家だ。男友だちは彼女のかつての恩師で、妻と犬と暮らしており、ある日、自殺をした。彼には元妻も二人いるというのに、犬はなぜかペット禁止の彼女のアパートに転がり込んでくる。関節炎を抱えた巨大な老犬で、登場人物は誰も名前を持たないが、犬だけが「アポロ」という名前を持っている。心ならずも同居することになった「わたし」と「アポロ」は、喪失感を介して互いを理解しあうようになり、ふたつの孤独は、そっと寄り添うように馴染んでいく。言葉を必要とせずに、まなざしや体温で。ふいに顔を出す不在を慈しむように。

物語は静かに進み、派手な出来事は何も起きない。「わたし」の身体をひたすら満たしている喪失感と、たびたび脳裏をよぎる深い思索が言葉となり、連なっていくだけだ。大切な人の死、老犬をむしばむ老い、言葉を奪われた弱者たちの痛み、彼女はそれらに

## 『友だち』　シーグリッド・ヌーネス著

ついて考え続ける。小説を書くことに意味があるのかと小説そのものが問いかけてくるのだが、ひとつ間違いのないことは、私はこの本を読んでいる間、考えをめぐらし続けたということだ。主人公はこう語る。

わたしたちがその不在を寂しがるもの――わたしたちが失い、失ったことを嘆き悲しむもの――、それこそわたしたちを心の底でほんとうにわたしたちにしているものではないか。

たしかに私たちは、何かを失わずに生きていくことはできない。喪失感を飼い慣らしたり、慈しんだりしながら、失ったものとともに生きていく。

（西日本新聞　2020・2・22）

『友だち』
シーグリッド・ヌーネス著
村松潔訳
新潮社

# ジャケ買いならぬ
# タイトル買い

日本を代表する詩人が、半野良の通い猫との愛あふれる生活を、古今東西の「猫詩」を紹介しながら語る。猫好きはジャケ買いならぬタイトル買いをしてしまうだろう。猫と暮らす人間は、おそらくみんな猫に負け続けている。かくいう私も、猫がいますぐ撫でろと額を押しつけてくれば、こうして書いている原稿だって中断せざるを得ない。

姓は「ツイラク」、名は「ミー」ちゃん。塀から墜落したことがある猫が主役だ。決して美女ではないらしいが、著者は手放しに彼女をほめ、猫の魅力をあますところなく言葉に置き換える。猫が見るものを見ようと試みる。猫が真剣に遠くを見ているときのまなざしは、何か深遠なことを考えているように見える。鳥を追っているか、あるいは、葉ずれの音を聞いているだけなのかもしれないが。その様子を「猫が無言のかたまりになっているときがある」と著者は表現する。詩人がそう言えば、猫が哲学者のように見えてくるではないか。

魅力的なのは猫だけではない。アパートの大家さんは現役シャンソン歌手の老女で、愛称は「大猫」。深夜に扉をたたく音がして、「女狐《めぎつね》です」と声がする。開けると、真っ赤なスカートをひらひらさせて大家さんが立っている。アパートは崖の上の高台にあって石垣で囲まれており、赤い鉄の扉を通り抜けて煉瓦《れんが》の階段をのぼって部屋にたどりつくそうだ。舞台が整いすぎている。猫と詩人とシャンソン歌手の住む、なんともあやしいアパート。私はここに住みたくてしょうがない。

（西日本新聞　２０２０・３・28）

『猫には負ける』　佐々木幹郎著

『猫には負ける』
佐々木幹郎著
亜紀書房

# 曖昧な表現でごまかされるな

著者は、作家であり歴史家であり、環境問題や人権、反戦などの運動に参加するアクティヴィストだ。彼女のエッセイをきっかけに「マンスプレイニング」という言葉が欧米に普及した。マンスプレイニングとは、男性が女性を見下した感じで何かを解説すること、の混成語。本書ではトランプ政権、女性蔑視、民族・人種差別などアメリカ社会が抱える諸問題が論じられている。

「ものごとに真の名前をつけることは、どんな蛮行や腐敗があるのか——または、何が重要で可能であるのか——を、さらけ出すことである」とまえがきにある。著者は名づける行為を「診断」と考え、何に立ち向かっているのかが理解できれば、それにどう対処するべきかわかりやすくなるという。いまの日本社会では、知られては都合の悪いことは、不適当な、あるいは曖昧な表現でごまかされている。私たちも「真の名前」を探すべきではないだろうか。

「わたしたちは、応答《コレスポンデンス》をしたいから言葉をやりとり《コレスポンデンス》するのである」という一文がある。一方的な言葉を押しつけられれば、世の中はよくならない。私たちは自分が何を信じているかを互いに伝えあわなければいけないのに、SNS上では短い言葉がよしとされる。違いがありながらも共存するためには言葉を交わすことが必要なのに。
　彼女は絶望せずに「新しい考え方は新しい種のようなものだ。それらの種は、進化し、生息地を広げ、周囲の生態系を変えていく」と語る。言葉の持つ力を信じて種をまけば、定まっていない未来を変えられるかもしれないのだ。この本も種のひとつであろう。

（西日本新聞　2020・4・25）

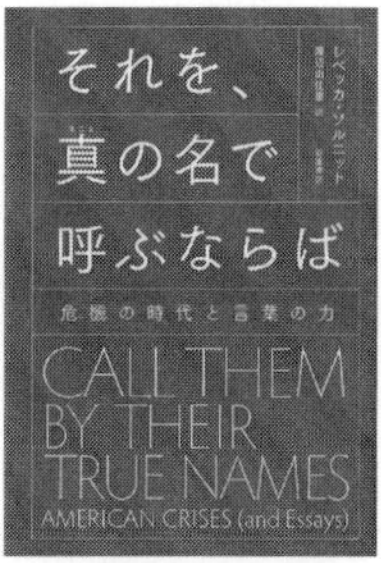


『それを、真の名で呼ぶならば　危機の時代と言葉の力』
レベッカ・ソルニット著
渡辺由佳里訳
岩波書店

『それを、真《まこと》の名で呼ぶならば』　レベッカ・ソルニット著

# 認知症を「抱えて」生きている

自分の家の玄関がどれかわからなくなってしまったら？　と考えると恐ろしい。二人の娘を持つシングルマザーとして、仕事、家事、育児……と慌ただしく人生を過ごしてきた著者は、58歳で若年性アルツハイマーの診断を受け、昨日までは難なくできていたことが突然できなくなってしまう。本著は記憶がしだいに失われ、世界が見知らぬものへと変貌していくことの恐怖に怯えながらも、理性を失わず、工夫を重ね、新しい「わたし」を獲得していく様子を描いた手記。

娘たちとの思い出の写真を見ているとき、かけがえのないものをすべて忘れてしまうのだろうかという不安に襲われる。病気に盗ませるものかと決意し、一画素も逃さず記憶しようと次々と写真を見つめ、裏面に撮影時の詳細を書き付ける。「記憶の喪失に対する保険」だ。しかし、写真に写された自然現象を見つめているときに、もし記憶を失っても、自然の営みによってこれらは存続するのだとふいに気づき、幸せすら感じる。

『今日のわたしは、だれ？』　ウェンディ・ミッチェル著

『今日のわたしは、だれ？　認知症とともに生きる』
ウェンディ・ミッチェル著
宇丹貴代実訳
筑摩書房

認知症はすべてを盗んではいかないのだと。

彼女は病気を出し抜こうとさらなる努力を重ねる。アイパッドとスマートフォンのアラームを駆使する。脳がファイルを削除するのなら、と記憶装置の代わりにブログやツイッターをはじめる。だから記憶を盗まれても本が書けた。認知症研究にも当事者として関わっていく。病を打ち負かす日もあれば、負ける日もあるのだが、彼女はきっぱりと言う。「認知症を患っているのではなく、抱えて生きているのです」と。

彼女は、認知症を抱えた人たちの象徴であるわすれな草が描かれたタイルを玄関扉の壁に貼り付け、わが家へ導く灯台の灯とする。

（西日本新聞　２０２０・５・23）

# 物語には真実を語る力がある

舞台は、EU離脱の分断に揺れるイギリス。眠り続ける101歳の老人ダニエルの元へ通うエリサベスは、大学の非常勤講師だ。彼女は彼より70歳ほど若く、二人が出会ったときはまだ少女だった。ダニエルの夢や回想、二人の過去の交流の様子やエリサベスの現在が断片で語られ、物語が紡がれていくが、大きなストーリー展開はない。でも、世界ってそんなものだと思う。

「何を読んでいるのかな?」。ダニエルは幼いエリサベスにいつも尋ねる。本を読んでいるときも、いないときも。いつでも何かを読んでいなくちゃ駄目だ、と言う。読むというのは不断の行為だ、と。彼は、美術や詩や音楽の魅力を彼女に伝え、思考することを教える。世界の細部に目を向けるようにとうながす。言葉は生きものだ、ともダニエルは言う。言葉は〝言《こと》の葉《は》〟なんだ、と。土を耕すと芽をだし、花が咲き、種が落ちれば、もっとたくさんの言葉が芽を出す。〝言の葉〟からこぼれ落ち、芽吹いたような言葉がのちの断章にいくつも現れ、種は私たちの身体にもばらまかれる。

　不穏な空気を感じているのはEUを離脱するイギリスだけではなく、世界中で不安は広がっている。日本もしかり。だからといって、著者は諦めない。忘れてはならない過去の声を蘇《よみがえ》らせ、物語には真実を語る力があるのだと表明する。いくつもの言葉に立ち止まり、考えた。この本の魅力はやはり、言葉そのものだろう。

　独立した物語として読めるが、『冬』『春』『夏』と4部作として刊行されるそう。読む楽しみが続くこともうれしい。


（西日本新聞　2020・6・27）

『秋』
アリ・スミス著
木原善彦訳
新潮社

# ともに本を読むこと

ハーバード大学卒業後の進路に悩む著者は、教育支援団体に入って、2年間だけ教師となる。行き先は、アメリカ南部の最貧地区にある底辺校。

自身も台湾系移民の娘で差別を受ける側である彼女は、公民権運動家たちの言葉に魅了されて生きてきたから、かつて心揺さぶられた黒人文学を通じて生徒たちにアメリカの歴史を教えようとするのだが、うまくいかない。難しすぎるし、彼らにとっての「リアル」ではないからだ。しかし、生徒たちの生活により近しい本を紹介すると、彼らは本に親しみ、自分の言葉で語るようになっていく。なかでも驚くべき成長を見せたのが、パトリックという少年だった。

弁護士になるため町を去った著者はある日、パトリックが人を殺したという知らせを受け、就職を延期し、ともに本を読むために拘置所へと通いはじめる。彼は読み書きもおぼつかなくなっていたのだが、やがて、詩をそらんじ、俳句を読み、ジェイムズ・

ボールドウィンの評論まで読破するようになる。さらには、表現する言葉まで獲得していく。だからといって、読書が彼を救ったとは言えないだろう。犯した罪に変わりはないからだ。しかし、救ったとも言える。彼の内面は言葉によって確実に豊かになった。彼は詩にこう書く。

「ぼくは自由と生を感じるように独学をした」

著者はパトリックのことを描きながら、同時に、私たちすべてに関係のある「不平等」の歴史について語っている。

（西日本新聞　2020・7・25）

## 『パトリックと本を読む』　ミシェル・クオ著

『パトリックと本を読む
絶望から立ち上がる
ための読書会』
ミシェル・クオ著
神田由布子訳
白水社

# 噛み砕く力を失わないために

断定しない物語が好きだ。物語とは終わるものではないし、与えられるものでもないように思う。人の営みは連綿と続くし、私にとって1冊の本を読むことは、その本について考え続けることでもある。しかし、世の中はそうでもないらしく、「泣ける」という宣伝文句がはびこり、テレビにはテロップが流れ続け、ここが笑いどころですよ、と促してくる。「わかり合う」ことをよしとする同調圧力が蔓延《まんえん》している。

「わかりやすいものばかり咀嚼すれば、噛《か》み砕く力は弱くなる」と著者は言い、この本を通じて、「どうすれば『わかりやすさ』から逃れることができるのか」ということを考えていく。

「社会の第一線で働くビジネスパーソン」に向けて、「良書」を3000字程度のダイジェストで紹介するサービスがあるらしい。本を読むことを楽しみとする人間から言わせると、大きなお世話でしかないが、必要とする人がいるから商売として成り立つのだろう。その「良書」の候補として著者の『紋切型社会』（朝日出版社）が選ばれた経験があるそうだ。もちろん拒絶し、「本は、そして文章は、すぐには摑《つか》めないからこそ、連なる意味があるのだ。簡略化される前の、膨大なものを舐《な》めてはいけない」と述べる。「わかりやすさ」を追求する世間とは、そこで生きる人々を舐めている社会のことだ。考えたくないんだろ、と。

この本が明確に何かを教えてくれるわけではない。むしろ、考えるために読むべきだろう。噛み砕く力を失わないために。

（西日本新聞　2020・8・22）

## 『わかりやすさの罪』　武田砂鉄著

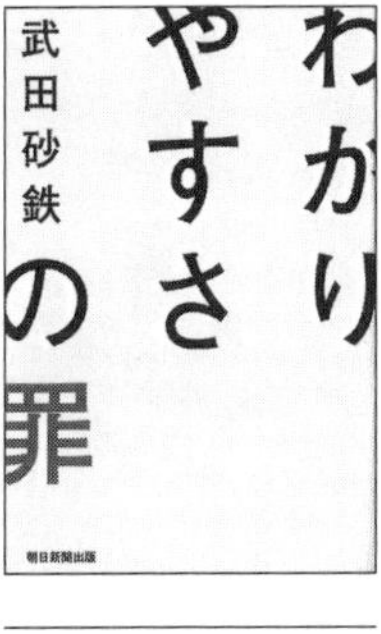


『わかりやすさの罪』
武田砂鉄著
朝日新聞出版

# やむにやまれぬ日常

「コロナ禍」という厄災を、世界中の人々がほぼ同時に体験している。しかし、その困り方というのはひとりひとり違うのだという当たり前のことを、この本を読んでつくづくと思った。

本書は、2020年4月、緊急事態下で働く77人の日記アンソロジー。ミニスーパー店員、ホストクラブ経営者、専業主婦、馬の調教師……多彩な職業の人たちの「非日常」を生きる「日常」の記録だ。緊急事態と言われても、不要不急と言われても、私たちの多くは仕事をしなければならないし、ごはんも食べなきゃいけない。

彼らの日々のつぶやきは切実だ。「落ちた箸を拾うのも怖い」という清掃員。「人と会って濃厚接触をするのがおれの仕事だしさ」とぼやく介護士。「俺は毎日、同じことをしている。しようとしている、と言ったほうが正解か」と書くのは小説家の町田康。まるで、やむにやまれぬ私たちの日常を代弁しているようだ。日記だから、日々の些末《さまつ》な出来事も描かれる。飼い猫のこと、食べたもの、終わらせた仕事の中身……。私たちの日常は細部の積み重ねだ。細部が描かれるからこそ、人々の切実さが現れる。

葬儀社のスタッフは、感染の疑いのある故人の葬式を依頼されるが、ただの肺炎とわかり、無事、葬儀を終える。遺族からは「お葬式ができるって、ありがたいね」という言葉を聞く。

私たちの日常は、誰かの「仕事」で支えられている。自分の抱える不安にばかりとらわれ、つい内を向いてしまうが、この本が目を外に向けてくれた。

（西日本新聞　2020・9・26）

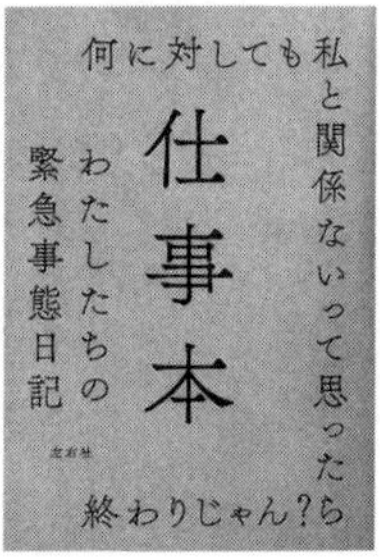
何に対しても私と関係ないって思ったら終わりじゃん?
仕事本
わたしたちの緊急事態日記
左右社

『仕事本　わたしたちの緊急事態日記』
左右社編集部編
左右社

## 『仕事本』　左右社編集部編

# 普遍的な女たちの痛み

母親に幾度も置き去りにされ傷つく少女、美しかった従姉妹《いとこ》に死化粧を施す女、癌《がん》で死にゆく母を見つめるしかない姉妹……。ヒスパニック系コミュニティで生きる女たちを描いた短篇集。彼女たちは、いくつもの呪いを抱えて生きている。先祖の歴史、土地の記憶、複雑に混ざり合った血、そして、世界の半分の人間が抱える「女」という呪い。貧困、病気、ドラッグにアルコール。女たちはみな問題を抱え、10代で妊娠したあげく棄《す》てられたり、暴力をふるわれたりする。しかし、目をそらしたくはならない。彼女たちは常に前を向き、抗おうとしているからだ。その背後には、一族に降りかかった悲しみを見つめ続ける代々の女たちの存在がある。とりわけ頼もしいのは、孫娘を育てたり、古くから伝わる薬草の使い方を伝授したりする、「おばあちゃん」の存在だ。

冒頭は、男の子たちが先住民の骨を発見する場面からはじまり、最後は先住民の起源神話で終わる。アメリカがアメリカになる前からその地に根ざしながら、苦境に追いやられている彼らの痛みや憤り、あるいは誇りの象徴かのようだ。著者はフィリピン人、ユダヤ人、アングロの血も混じったチカーノ（メキシコ系米国人）一族の出身で、コロラド州デンバーで生まれ育った。「わたしたちは移民ではない、国境のほうがわたしたちの頭越しに移動したのだ」と著者は語っている。

知らなかったチカーナたちのリアルを知るとともに、普遍的な女たちの痛みに共感し、ともに前を向く。

（西日本新聞　2020・10・24）

## 『サブリナとコリーナ』　カリ・ファハルド＝アンスタイン著

『サブリナとコリーナ』
カリ・ファハルド＝
アンスタイン著
小竹由美子訳
新潮社

# 世界は「墨字」であふれている

愛する人〝dd〟を失い、半地下の部屋に閉じこもる〝d〟の物語「d」。韓国の大統領を罷免に追い込んだ〝キャンドル革命〟を背景に、閉塞感にあえぐ人々の痛みと喪失を描く「何も言う必要がない」。

ふたつの物語は、まるで双子のように分かちがたく存在し、呼応している。〝セウォル号沈没事故〟と〝革命〟をモチーフにしているので、読者は死者たちの存在を意識せざるを得ない。だからこそ、著者は死者を数字に閉じ込めない。ひとりの人間が消えてしまうということは、唯一の世界が壊れるのだということを丹念に表わしていく。「d」の物語では、dは体温を失いつつある。体温とはいのちそのものだろう。ある瞬間、dは何の変哲もないタオルに温度を感じる。ぬくみを帯びている、と感じる。続いて、卓上カレンダーにも、家具や食器にも生あたたかさを感じる。そうして気づくのだ。「僕が冷たくなった」と。その、失った体温をわずかながら取り戻していく物語でもある。

　大統領弾劾裁判の宣告の日、著者は、さまざまな少数者性を備えた人たちと集まっていたそうだ。革命が完成されたとみんなが歓呼している瞬間を過ぎると、彼女は物語を必要とした。いまだ到来しない未来を待つ人々がまだここにいると感じたからだ。

「それを知る必要がない。／私はそういう態度を、墨字《すみじ》の世界観と呼んでいる」という文章がある。墨字とは、点字に対し晴眼者が使用する文字を指す言葉だ。世界は墨字であふれているから、晴眼者は意識せずにそれを使える。そのこと自体が、片側からしか世界を見ていない証左だと言えよう。


（西日本新聞　2020・11・28）

『ディディの傘』
ファン・ジョンウン著
斎藤真理子訳
亜紀書房

『ディディの傘』　ファン・ジョンウン著

# 持てる者と持たざる者

あなたに世界はどう見えていますか、と問われているような気持ちで読んだ。

本書は、2009年に「すばる文学賞」でともに小説家デビューした温又柔《おんゆうじゅう》と木村友祐の、どこまでも真摯《しんし》な言葉で交わされる往復書簡である。彼らは、私たちが抱える無数の差異のあいだに横たわる不均衡をあらわにしようともがき、かき消されようとする側の声に耳を傾ける。施す側と施される側、人間と動物、健常者と障碍者《しょうがいしゃ》、異性愛者と同性愛者……。たとえば、木村さんが並べるふたつの言葉はこうだ。津波から逃げる人に向かって「逃げでぇ、逃げでぇぇ！」と叫ぶ年配の女の人の声と、与党の政治家が口にする「被災者に寄り添う」という空疎な響きの言葉。さらには、同じ方向を向いていると思える互いの差異にも目を向けていく。女性と男性、台湾生まれと日本生まれ、東京出身者と地方出身者。持てる者と持たざる者は、どこに視点を置くかで変わってしまう。まっとうであるためには、あらゆる方向に目を向けなければいけない。

木村さんからの手紙に書いてあった、必死に餌にありつこうとする「足首の折れ曲がった鳩」のことを、温さんは「五体満足の鳩たち」を見つめながら考え続ける。私たちは、いったい、そこに何を重ね合わせようとしているのか、と。同時に「五体満足の鳩たち」の一途としかいいようのない姿を前に、一人そっと泣く。

温さんが自分に向けた「見ようとする責任をどのように果たすべきか」という言葉を胸に刻んだ。

（西日本新聞　2021・1・9）

『私とあなたのあいだ』　温又柔／木村友祐著

『私とあなたのあいだ
いま、この国で生きる
ということ』
温又柔／木村友祐著
明石書店

# 生きのびるための言葉

名翻訳者・藤本和子さんの聞き書きの書『塩を食う女たち　聞書・北米の黒人女性』が岩波現代文庫で復刊されたとき、夢中になって読んだ。1980年代、アメリカに暮らす藤本さんがさらに聞き書きを重ねた本著も引き続き復刊。今回話を聞いたのは、刑務所の臨床心理医などの働く女たち、街に開かれた刑務所の女たち、104歳の女性……さまざまな黒人女性だ。

女たちは、黒人であり女性であるという二重の差別に遭いながら、困難を抱え仕事をしている。彼女たちは「同化」について繰り返し話す。黒人らしさをすてたら生きのびることすらできないというのに、抑圧者たちは「同化」を強いてくると嘆く。「彼女らの視線は、にほん列島に生きる少数者に、同化が答えです、といって疑うこともなかったわれわれにほん人を撃ちはしまいか」と藤本さんも日本の同化政策について語る。彼女たちの声を前に、私たちは考えこみ、自問自答せざるを得ない。

30年以上前に語られた言葉だが、まったく力を失っていない。それはもちろん、語り手だけでなく、著者自身の聞き取り、語る力でもあるだろう。魂同士が語り合い、共鳴しているように感じた。私も言葉を探さなければと思った。

藤本さんは、服役中の女性・ブレンダは語る自分と語られる自分の間に距離をおくことができる、と言う。しばらく彼女といて話すのを聞いていれば、そこには文体があることに気づく、とも。彼女は努力して喋り方を変え、生きのびるための言葉を獲得したのだ。それを象徴するような言葉がある。

「あたしは自分自身の主人になりたいんだから！」

（西日本新聞　2021・2・6）

『ブルースだってただの唄　黒人女性の仕事と生活』
藤本和子著
ちくま文庫

# 来た人、出た人、かつてと今

大阪に来た人。大阪を出た人。「大阪」という街を書き継ぐ共著エッセイ。岸さんは大阪に30年以上住んでいるが、それでもやはり「あとからやってきた街」だと語り、柴崎さんは東京で15年住んですっかり馴染んだいまも、「自分は大阪の人だという感覚が真ん中にある」と語る。

彼らの記憶を通して大阪の街を歩いているような心地で読んだ。「なすび」みたいな形をした大正区の風景を渡し船の上から見たり、堤防の向こうにある梅田の高層ビル群を見上げたり。イントネーションの少し違う大阪弁も聞こえてくる。九州や四国やどこかの島から仕事を求めてやってきた人たちが話す言葉だ。賑《にぎ》やかだった時間もあれば、寂れていった場所もある。「かつて」があり、「今」がある。風景は人の暮らしそのものだと思う、と柴崎さんは言う。風景を思うとき、私たちはそこに記憶を重ねあわせる。音楽や話し声が聞こえることもあるし、しまい込んでいた痛みがよみがえることもある。

　読みながら、私はしばしば脱線して自分の街を歩くことがあった。書くという行為は思考を促すが、読むという行為もそうだ。大阪という街の呼吸を感じ、彼らがすれ違った人々に思いを馳せながら、自分自身の来し方、行く末を思う。
　岸さんと柴崎さんは、街に刻まれる、誰かの生きてきた跡を見落とさないよう歩く。街に生きる人たちの、ひとつとして同じではない人生のかけらを丹念に拾い集めるかのように。

（西日本新聞　2021・3・6）

『大阪』
岸政彦／柴崎友香著
河出書房新社

# 伝えたいという強い想い

2013年に『想像ラジオ』（河出書房新社）を書いた著者が、今度は自らの言葉を消し「東北の声」を受け止める。語るのは、震災を境に生活が一変してしまった女性たち。夜のコンビニで働きながら、福島県大熊町の帰還困難区域で牛を放牧し続ける女性は、「私はとにかくただ牛を生かしたいコンビニ店員です」と語る。しかしその場所において、ただ牛を生かすということがどれほど困難であることか。

「あ、とそのときに思いました。もしかしたらみんな、笑うきっかけを待ってたのかもって」と語ったのは、避難施設にラジオを開設した富岡町出身の女性。放送三日目に避難所に笑い声が響いたときの話をする。「泣くことは許されるんです」という言葉から、そこで暮らさざるを得なかった人々の生活を私たちは想像しなければならない。そこにあるだろう痛みや悲しみや、喪失について考えなければと思う。同じ福島県でも、地域で言葉が全然違うそうだ。たとえば、富岡で「コーヒーだっぺ、これ」と言うとき、福島では「コーヒーだべした」、郡山では「コーヒーだばい」。だからこそ、懐かしい方言がふっと流れてくることが、人々に安心感を与える。ラジオの中で富岡弁でしゃべり続けるという選択はものすごく大きかった、と彼女は言う。

気配を消しているが、背後には全身全霊で耳を傾ける著者の存在がある。聞き手と語り手、どちらにも伝えたいという強い想いがあるからこそ、語りは声となって響く。決して忘れてはならないことが、この本には記されている。

（西日本新聞　2021・4・3）

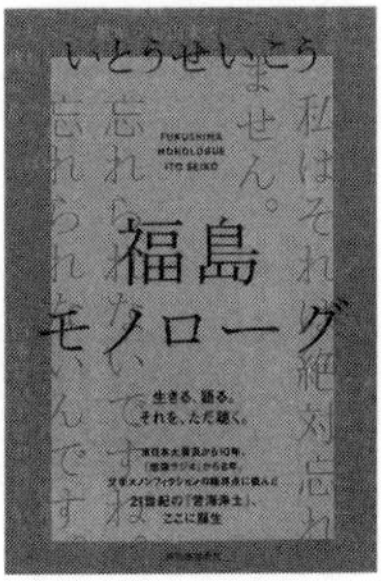


『福島モノローグ』
いとうせいこう著
河出書房新社

『福島モノローグ』　いとうせいこう著

# 「向こう側」を見ること

最初の物語にまず圧倒された。カラオケ店で歌っていた女性が突然入って来た男に歌うことを強制され、一生けんめい歌うまでずっと殴ってやると脅される。理不尽な暴力に少しひるむが、筆力の高さに抗えず8篇の短篇を一気に読んだ。続く物語も原発事故や女性殺人事件など現実の社会問題を扱っているが、描き方は直接的ではなく、ときに幻想的であったりもする。

光州出身の主人公が旅先のサンフランシスコと京都で、韓国の歴史的な事件である光州事件や済州島4・3事件のことを語る人たちと出会う。英語で聞く光州事件は、まるでアイルランドやチリの虐殺の物語を聞いているかのように響き、彼女は「私の前にはカーテンがあり、私はカーテンをめくり上げることができない」と言う。

非当事者は、事件を経験していなくとも、それが「起きてしまった」世界を生きている。しかし、事件に対する思いは言語化し難い。私たちはカーテンの向こう側とこちら側がいつ入れ替わってもおかしくない世界を生きている。だからこそ物語は向こう側を見ることを促す。

表題作では、殺された12人の女たちが、すでに死人である犯人の男を殺し続ける。あり得ない設定であっても、不思議と説得力がある。物語の中の人物はみなそこに生きて在るんだ、と思える。文体は独特だが音楽のようによどみなく、気づけば物語に没頭している。起きたことは覆らないが、彼らとともに目を凝らす。

（西日本新聞　２０２１・５・１）

## 『もう死んでいる十二人の女たちと』　パク・ソルメ著

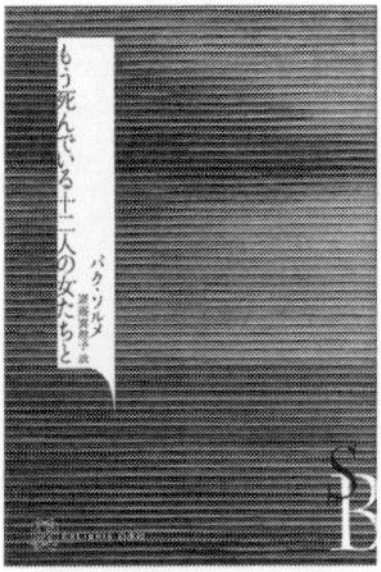

『もう死んでいる
十二人の女たちと』
パク・ソルメ著
斎藤真理子訳
白水社

# 私たちはすでに連帯している

いまや海外でも注目を集める作家・松田青子の最新短篇集。

「誰のものでもない帽子」では、コロナ禍の中で母親が子どもを連れて逃げる。来週からリモートワークになると夫に告げられた彼女は、耐えられないと思い、隠し持っていたクレジットカードを頼みの綱に知らない街のホテルへと向かう。彼女を救うのはSNSで偶然目にした「結婚する時、もしもの時に逃げられるお金を隠しておいたほうがいい」という知らない女の人の言葉だ。彼女は経済DVという言葉も、SNSで知った。

どの短篇にも通底するのは、連帯の意識。見知らぬ人々でも、世代が違っていても、たとえジェンダーが違っていたとしても私たちは連帯することができるし、連帯すれば乗り越えられることがある。

「『物語』」という一篇は痛快だ。女はどうせこんな感じだろう、と紋切型の〝物語〟を押しつけてくる社会へ痛烈な批判を浴びせる。〝物語〟は、登場人物に、女性に対する既成概念を押しつけようとするのだが、ことごとく拒否される。ならば、と男性を操ろうとするのだが、味方であると思った男性にも立ち去られ、「あなた、かわいそうな人だ」とつぶやかれる。

著者の描く世界は、普遍的だからこそ国境を越える。表題作には「これは私の言葉でもある」とすっかり同調してしまった。さらに音読してみたら、なんだか勇気がわいてきた。この本を読む私たちはすでに連帯している、と言えよう。

（西日本新聞　2021・6・5）

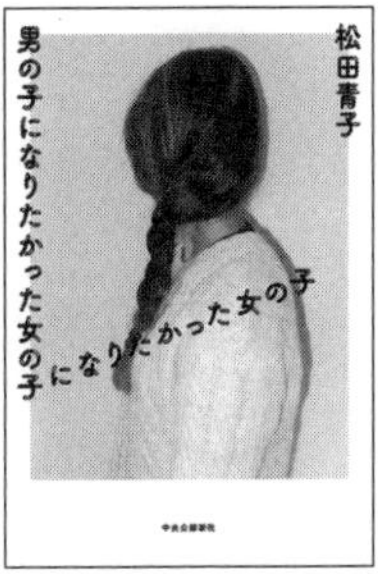


『男の子になりたかった女の子になりたかった女の子』
松田青子著
中央公論新社

# 『男の子になりたかった女の子になりたかった女の子』　松田青子著

## 強い帰巣本能に自身重ねる

親になることが判明した著者は、「根なし草」の生活に終止符を打ち、人生の大半を過ごしたロンドンから郊外へと引っ越す。だが、家族ができれば根を下ろせるというわけでもない。

社会はブレグジットにゆれ、地価は高騰するばかり。〝家（ホーム）〟という概念が危機に瀕《ひん》しているように感じられた、と著者は言う。かつてないほど強く家を求める衝動に突き動かされ、その思いから伝書鳩を育てはじめる。強い帰巣本能を持つ鳩に自分の姿を重ね、〝ホーム〟とは何かを考えていく。本作は〝ホーム〟の考察と鳩レースの模様が交互に描かれる。何百キロも離れた場所を飛翔《ひしょう》する鳩の様子を、著者は想像する。鳩が放たれ、空高く昇っていくとき、彼の心もともに舞いあがる。

鳩レースはずっと労働者階級のものであったという。仕事中に地下で過ごすか窓のない作業場に閉じ込められていた炭鉱労働者または工場労働者が、環境から逃れて空へ舞いあがる鳩とつながりたいと願った。彼らの気持ちは想像に難くない。とはいえ、鳩レースを楽しむ人々に共感を覚えるのは難しかった。鳩に迷惑では？　という気持ちが拭えない。しかし「鳩舎の扉をあけるたびに彼らは自由になる」という言葉に出会い、愛鳩家たちの気持ちに少し近づくことができた。

著者は文学者なので、文学作品や、哲学者や生物学者の言などがちりばめられているのも楽しく、いつの間にか鳩レースへの疑問も消え、鳩たちが飛翔し、ホームを目指す姿が脳裏に焼き付いていた。

（西日本新聞　2021・7・3）

『わが家をめざして
文学者、伝書鳩と
暮らす』
ジョン・デイ著
宇丹貴代実訳
白水社

# 記憶たどり喪失埋める

四姉妹の末っ子リブロが子供時代を思い出すときまっさきに浮かぶのは、父の膝の上。炬燵《こたつ》からする埃の焦げた匂い。出しっぱなしの醤油瓶。彼らの記憶は私の鼻腔《びこう》にも過去を連れてくる。父は本をひろげ、アルファベットを左手の指でなぞる。文字が、言葉たちが、父の身体の中へ入りこむ。次にエンピツを握った右手を動かすと、ひらがなと片仮名と漢字がばらばらと落っこちて、文字が、言葉になってゆく。シャーロック・ホームズの翻訳家である両親を持つ著者が小説として描いた、家族の物語。

記憶は時空を超えて交錯する。死に向かいつつあるコナン・ドイルと年幼き日の父。死へと近づいていく父と平行して綴られる、若き父の戦時下の日々。灯火管制用のカバーが吊《つ》り下げられた薄暗いライトの下で本を開いては指でなぞり、一文字一文字を決して忘れまいと、指に、身体に、記憶に、刻み込む。１９４５年の父の日記には、「又一日命が延びた」と書かれている。

家族には、共有する記憶と、個々の記憶がある。帝王切開の手術跡を見た娘たちが痛そうと声をあげると母は「切り裂きジャックにやられるよりはずっとまし」と言う。冗談に必ず登場するホームズの物語は、彼らが共有する記憶だ。

戦争に地震に、コロナ禍、読者と共有する記憶もともに語られる。人は、記憶をたどることで喪失を埋めようとするのかもしれない。悲しくはないのにときに泣きたくなり、過去がよみがえる物語だった。

（西日本新聞　2021・8・7）

## 『最後の挨拶』　小林エリカ著

『最後の挨拶
His Last Bow』
小林エリカ著
講談社

# それぞれの話し方で、言葉を交わす

言葉を紡いだのは、吃音《きつおん》を持つカナダの詩人・ジョーダン・スコット。根をはやして舌にからみつく松の木の「ま」。のどのおくにひっかかる、カラスの「カ」。「ぼく」にはうまくいえない音がある。苦手な音をどもってしまう「ぼく」は、石のように口をつぐんでしまう。そんな「ぼく」を放課後迎えに来た父が川へと連れて行き、支えとなる言葉を贈ってくれ……。

話し方というのは、人それぞれだ。そもそも言語にはたくさんの種類があるし、音声言語ではなく、手話などの視覚言語もある。私は普段、声を出して日本語を話すが、ろう者の人と話すときは、筆談をする。手話ができない私にろう者の人があわせてくれている。物語の最後に著者の短い文章が掲載されており、「どもる人は、ひとりひとり、みなちがうどもり方をします」と書いてある。「なめらかな話し方であればいいのに、と思います。でも、そうなったら、それはぼくではありません」ともある。普段どもらずとも、言葉がうまく使えず苦しいことは誰にもある。誰もが、それぞれの話し方を大切にし、言葉を交わせばよいのだ。上手く話す必要なんてない。
表紙では、静かな表情の少年が光を浴びて川の中に立っている。絵はシドニー・スミス。彼が描く光は他の絵本でも印象的で、光が本当にそこに存在しているかのように感じる。父から受けた言葉を身体の奥底に沈めたときの、少年の背後からあふれる光。川の動きとともにきらめく、水面の光。最後の頁を閉じると、読み手の心にも光が射してくるだろう。

（西日本新聞　2021・9・4）

『ぼくは川のように話す』　ジョーダン・スコット文　シドニー・スミス絵

『ぼくは
川のように話す』
ジョーダン・スコット
文
シドニー・スミス絵
原田勝訳
偕成社

# 生命とはどういうものか

犬、鳩、ハムスター、インコ……。幼い頃からたくさんの動物たちと暮らしてきた著者は、動物をもとめてやまないのはなぜだろうかと自身に問いかける。生命とはどういうものだろうか、という問いとともに。

写真家である著者は、動物たちをひたすら見つめることで思考する。その眼はいつも真摯だ。初めての犬の記憶は毛糸玉のような子犬たち。身を寄せ合う子犬たちの姿を思い起こすとき、彼はそこに「名付けられる以前といってもよい無垢《むく》なる気配」を感じている。求めたわけではない動物との出会いもある。小学生の頃に出会った、野犬狩りに捕まった犬たちの姿は、人間の身勝手さを浮き彫りにする。野犬が見つめる小学生は私たちでもある。

動物たちと別れるときの著者の眼は、ひとつも見逃すまいとしているかのようだ。逝ってしまったあとは、穴を掘り、亡骸を横たえ、土をかける。私にも身に覚えのある行為。幼い頃は文鳥と、大人になってからは猫と暮らしている。だから、動物たちとの記憶をたどることは否が応にも生と死を考えることにつながると、体感としてわかる。
17年間、一緒に暮らした犬・さくらが逝った後も早く土に還《かえ》してやりたいと願い、埋葬し、「さくらに土をかけ終えたときの感覚を胸のうちで見つめていくと、そこに地中でつながる地下茎にも似た過去と過去を結びつけようとする記憶を見つけている」ことに著者は気づく。その地下茎には私が埋めた文鳥や猫たちの記憶も連なっていく。

（西日本新聞　2021・10・2）

『動物たちの家』
奥山淳志著
みすず書房

『動物たちの家』　奥山淳志著

# 痛みが浄化される瞬間

詩のような言葉のつらなりが随所にちりばめられている。たとえば。

「僕が話しているのは物語というより、難破船の残骸だ——ようやく読めるようになった、海に浮かぶ破片」

光を受けてきらめく破片を拾うように記憶をたどっていくのは、幼少時に母や祖母とともにベトナムからアメリカに渡った、著者とよく似た境遇を持つ「僕」。物語は読み書きができない母へ宛てた手紙、という形式で語られる。彼らはそれぞれに痛みと喪失を抱えている。百合の名を持つ祖母・ランは、取り決めで結婚させられた婚家から逃げだし、戦時下のサイゴンで兵士相手の性労働者となった。薔薇《ばら》の名を持つ母・ホンは、白人のような肌の色をしているが英語もままならず、ネイルサロンで働いて一家を支えている。語り手リトル・ドッグは性的マイノリティとして生きる苦難を抱え、さらには母からの暴力も受けているが、ある日、年上の白人の少年と出会い恋に落ちる。

それぞれの喪失は、記憶がたぐり寄せられるごとにかたどられていく。オオカバマダラの渡り、崖から落ちるバッファロー、生きたまま脳を食われる猿……たびたび登場するモチーフが、彼らの喪失の輪郭をさらに濃くする。切断されて失われた脚を、客に請われてホンがマッサージする場面も象徴的だ。

創造性のための言語が再生の言語になることもある、という一文に光を見た。彼らの記憶は、痛みと傷にまみれているけれども、語られる言葉は詩的で美しく、読者は読む喜びに包まれるだろう。痛みが浄化される瞬間が、幾たびもある。

（西日本新聞　2021・11・6）

『地上で僕らは
つかの間きらめく』
オーシャン・ヴオン著
木原善彦訳
新潮社

『地上で僕らはつかの間きらめく』　オーシャン・ヴオン著

# ドロップスは記憶の道しるべ

食べ物が、記憶を呼びさます道しるべになることがある。旅先のソウル、市場の塩辛屋で薄いピンク色が透けて見えるガラス瓶を見た瞬間、著者は幼い頃の食卓へと連れていかれる。瓶の中身は「つ」の字にくるんと曲がった小さなエビ。噛んで、しゃりんと崩れる感触も同時に思い出す。

記憶の中でサクマの缶入りドロップスを振れば、出てくるのは祖父の兵隊姿。「振る」という行為が金平糖《こんぺいとう》の「振り出し」を想起させ記憶につながる。著者の祖父は、戦争から帰って来る船の中で支給された金平糖に手をつけず、子どもたちのために持って帰る。白の中に一粒だけあった赤い金平糖をめぐり取り合いっこがはじまると、子どもたちは著者の祖母にあたる「お母さん」にものすごい剣幕で叱られる。著者が母から聞いた話。記憶は世代を超えて受け継がれてゆく。

食文化の豊かさがうらやましかった。岡山の郷土料理「祭りずし」はそれぞれの家庭でつくるもの、という。酢《す》〆《しめ》の魚、殻ごとゆでた海老、たれ焼きの穴子、高野豆腐、錦糸玉子……。ハレの日のごちそうは、ふくよかな記憶がともなう。下ごしらえを采配する母の声、だしの匂い、炊きたてのごはんの湯気。すし酢を混ぜられ艶々に輝く米粒。それらは私の脳内にも幼い日の記憶をよみがえらせ、我が身をぬくめる。

祖母とつくったおせち。お世辞にも上手いと言えない母の料理。思い出しながら、食文化とは比べるものではなく、それぞれの記憶をいろどるものだと気づく。

（西日本新聞　2021・12・4）

『父のビスコ』　平松洋子著

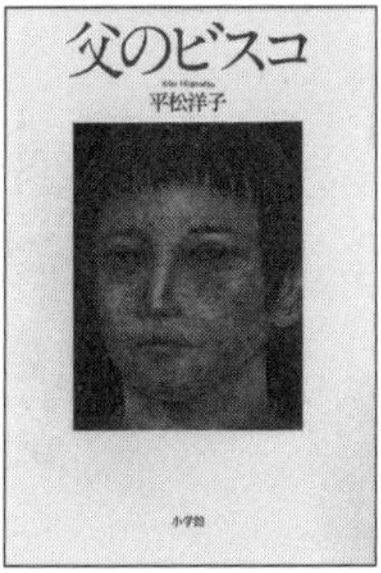


『父のビスコ』
平松洋子著
小学館

# 心が決壊する瞬間

「にんげんがにんげんをやるのはさみしい」

つたない言葉で綴られた日記が、物語の合間にはさまれる。誰が書いているのかは物語の終盤まで明かされないが、身体の中で心が叫んでいるような言葉だ。

語り手の「俺」と、母親にネグレクトされていた吃音のアキは15歳で出会う。普通の家庭で育った「俺」とアキは、何の共通点もないのに親友とも言えるような間柄になる。のちに「俺」の家庭環境は一変し……。

彼らが33歳になるまでの友情と人生を描きながら、同時に、貧困・虐待・過重労働といった、現実の社会に確実に存在している問題を顕《あら》わにする。主人公たちの心情が負の感情に覆われ決壊する瞬間の描写が生々しく、彼らの痛みは現実に存在するのだと思えてならない。「俺」やアキの背後には同じような思いを抱えた人たちがたくさんいるに違いなく、それだけに、この小説を執筆するのは覚悟がいることだったのではないだろうか。
彼らは過重労働や虐待の被害者であるが、同時に加害者になる可能性をも併せ持つ。そのことに怯えてもいる。私だって彼らのような立場になる可能性がある。私たちはいつでも、どちらにも傾く可能性を秘めて生きている。だからこそ、この物語を彼らの悲しみや怒りやさみしさから、遠く離れている人に読んでほしいと願った。彼らには助けを求める権利がある。そして、彼らには、闇だけでなく光もあるのだということを知ってほしい。ここには間違いなく「真実」が描かれている、と思いながら読んだ。

（西日本新聞　2022・1・8）

## 『夜が明ける』　西加奈子著

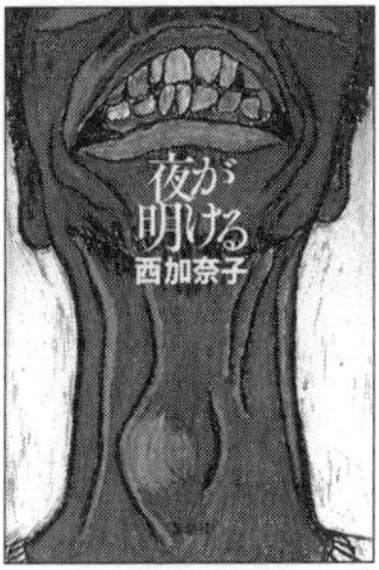


『夜が明ける』
西加奈子著
新潮社

# 「日本」とはあなたです

著者はソウル出身、大阪府在住のラッパー。「外国人」や「韓国人」というキャラクターとしてではなく、一人の人間として見られたいと願うが、偏見はつきまとう。ある日、自身が置かれていた状況を冷静に考え、自分は「移民」だと気づく。「外国人」という単語が、「日本に来る前のお宅の国」を強く意識させるのに比べて、「移民」はその人が今この日本に住んでいることをはっきり示す、と彼は言う。

さらに、理想的なのは「移民」という言葉も必要のない日本だと言うが、それは人を差別するあらゆる言葉に通ずるのではないだろうか。私たちは、なぜ「違い」を受け入れることができず、「違う」人たちを名付けずにいられないのだろう。読みながら、私も「外国人」という言葉を無造作に使っていると恥じた。

彼は大学の音楽学研究室に所属しているのだが、「アメリカと日本の大衆音楽における差別用語の使用（主にヒップホップを中心に）」と題した論文を読みやすく書き直した章が面白い。例えば、被差別者である「個人」が、自分や自分を含むグループを対象とする差別用語を「自ら」使うことで、既存の否定的な意味を裏返すことを実際のラップの歌詞で説明する。

彼も自作の曲の中で、「家に帰った後も『帰れ』と言われるチョン」と差別用語を使って歌う。同時に、本著の中では「私にとっての日本は、日の丸でも政府でも、富士山でも天皇制でもなく、あなたです」と読者に語りかけるのだ。

（西日本新聞　2022・2・5）

『日本移民日記』
MOMENT JOON著
岩波書店

## 「わからなさ」を伝える術

母と姉に金を持ち逃げされ貧困にあえぐ娘ソヒ、かつて一緒に暮らしていたディエンがみた夢の再現に没頭する老女デロン、「期間制教師」として働きながら母の入院費用を捻出するN……。8篇すべてが、家族をめぐる物語だ。

彼らの人物像は仔細《しさい》には明かされないが、読んでいくうちにその輪郭が見えてくる。私は書店兼喫茶店を営んでいるが、何者であるか知らないお客さんでも、幾度か言葉を交わせば自然にその人となりが見えてくる。同じように、読み進めていくと彼らのことがおのずとわかってくる。

往復3時間をかけて職場へ通うソヒは、できる限りの切り詰めた暮らしをしている。コツコツと節約し、借金返済の計算を何度も繰り返す。そんな彼女の最大の喜びは始発バスに乗ること。運がよければ窓際の席に座ることもできる。そうすれば朝の陽射《ひざ》しで川の水がきらきら、そしてあたたかい。ささやかな贅沢だ。ソヒは「バスが好きだけど、

バスは悲しい」と思う。「悲しくても好きなもの」、何でそんなものがあるのかソヒには
わからない。

その「わからなさ」を伝える術を著者は持っているように思う。私たちは常に言語化できない感情を抱えて生きている。それを大切な人に伝えられなかったり、苦しみを思うとおりに吐露できなかったりすることは、苦しく、悲しい。だが、その感情に光をあて、闇から取り出すという作業を作家がするとき、そこにはかすかな希望が生まれる。

（西日本新聞　2022・3・5）

『まだまだという言葉』　クォン・ヨソン著

『まだまだという言葉』
クォン・ヨソン著
斎藤真理子訳
河出書房新社

# 視線の先にあるもの

表現力に長《た》けた写真を見ると、言葉への信頼がゆらぎそうになる。本著の頁を繰っている間もそうだった。語り合う人たちの姿、真剣な指先、つながれた手、描かれた線、集う人たちの笑み……。そこには、撮影者の視線に存在する感情、あるいは被写体の声が確かに写っている。しかし、それを言葉で表わすことはとても難しい。もちろん、言葉にする必要はなく、ただ受け取ればよいのだが。

写真家・川内倫子は、滋賀県にある「やまなみ工房」という障害者多機能型事業所に通いつづけ、3年の歳月をかけて写真集を完成させた。工房は緑豊かな地区にあるようで、思わず深呼吸をしてしまうような場所に見える。

写真は、「やまなみ工房」がどのような場所であるかを説明するためのものではない。ひとりの写真家の視線の先にあるものを、私たちがそれぞれの感覚で受け止め、思考すればよい。

何度頁を繰っても、なぜか感情の波が押し寄せてくる部分がある。大勢の人たちが色とりどりの風船を空に飛ばしている数枚の写真。人々が手を離すと、風船は徐々に上がっていく。うれしそうに笑う人、真剣に空を見上げる人、そのまま手を上げ続けている人、それぞれの表情が見える。最後に風船が空に吸い込まれていくのを見ながら、無性に誰かを抱きしめたい衝動をおぼえ次の頁へと進むと、利用者だろうか、工房の前でしっかりと抱き合うふたりの写真が現れる。魔法みたいだ、と思った。

（西日本新聞　２０２２・４・２）

『やまなみ』　川内倫子写真・文

『やまなみ』
川内倫子写真・文
信陽堂

# かけがえのない家族の記憶

昭和40年代（1965〜1974年）、舞台は港町にある古い木造2階建てアパート。著者の一人称で物語は語られていく。ジャズ喫茶の経営に疲れ果てていた母に、気難しかった父、問題行動の多かった兄もみな他界しており、いまや家族は記憶の中にしかいない。本書のカバーにあしらわれた古ぼけた写真には、幸せそうな家族が写っている。若い両親と兄妹の4人家族。同時代に生まれた私は、写真が自分の記憶と重なる。

著者が3歳ぐらいの頃、父が兄を怒鳴りつけていたときの記憶。兄は顔を真っ赤にして、止めどなく流れる涙を何度も何度も手の甲で拭っている。母は何も言えずじっと手元の茶碗《ちゃわん》を見つめている。「私」は箸をせっせと動かして食べるふりをしていた。いたたまれない気持ちで家族と過ごした経験は誰しもあるから、それぞれの気持ちが痛いほどにわかる。問題をひとつも抱えていない家族など、おそらく存在しない。「問題」はそれぞれ固有のものであっても、トラブルが生じた時に湧く感情は、普遍的なものではないだろうか。

　父と兄の不仲、すれ違っていく母と父の関係、自立できない兄へ援助し続ける母。壊れていく家族関係を綴りながら、どうすればよかったのかと著者は考える。後悔の念に駆られるということは、かりに憎悪する瞬間が存在したとしても、少なからず愛情があったということだ。家族の記憶は、たとえ痛みを伴ったとしてもかけがえがない。過去なくして、現在の自分はないのだから。

（西日本新聞　2022・5・7）

『家族』
村井理子著
亜紀書房

# 同調圧力が生む「擬態」

女性はこうあるべき、という同調圧力が女性たちに「普通」を演じさせる。目の前に一人の女性がいるとして――それがとても近しい人であったとしても――彼女の本当の「顔」は誰も知らないかもしれないのだ。

著者は写真家で、ホームページで募集した一般の女性を被写体に、ポートレート作品を撮っている。他の写真家との違いは、撮影前に被写体の女性から時間をかけて話を聞き、相手を知ることからはじめるところ。本著は、著者のエッセイと写真、インタビューから構成されている。そこから見えてくるのは、女性たちが「擬態」している姿。自分自身もかつてはそうだったと著者は言う。18歳の頃、他者優先的に生きるのはやめようと考え、変化するために「他人には全部見透かされていると思え」と自分に言い聞かせたというから面白い。確かにそう思っていれば、人前で何かのふりをするのは恥ずかしいことに違いない。

「擬態」する苦しさだけでなく、演じることがうまくいっていて「本当の自分」がわからないという人もいた。いまは本来の自分にかなり近いと思うのだが、私も偽りの姿で生きていた頃が多少なりともあった。「顔」がないことと、「顔」を隠していることはどちらがより辛いのだろうか。
「擬態」するのは自分を守るためだが、同時に「擬態」が自分を蝕みもする。演じることを促す社会は、健全ではないと思う。その証拠に、本音をさらけ出した後の女性たちのポートレートは実に魅力的であった。

（西日本新聞　2022・6・4）

## 『私の顔は誰も知らない』　インベカヲリ★著

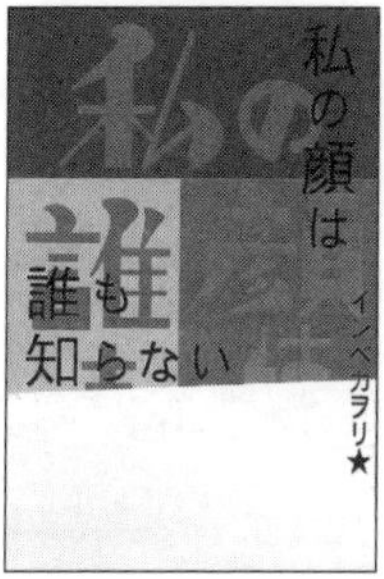


『私の顔は
誰も知らない』
インベカヲリ★著
人々舎

# 私たち大人は嘘をついていないか

小さな本だ。思わず手に取り開いてしまうような、軽やかな佇まい。日本国憲法の条文全文に、写真家・齋藤陽道《さいとうはるみち》のカラー写真24点が組み合わせてある。

日本国憲法については小学校で学習したが、内容を把握しているとは言い切れない。三原則である「国民主権」「平和主義」「基本的人権の尊重」は守られているのかと、疑問に感じてしまうことも多い。戦争や紛争、疫病、格差社会に貧困……多くの不安を抱えるいまこそ、社会が進む方向を見失わないために読み直すべきなのかもしれない。

読むだけではなく、解釈し、考えることも重要。齋藤さんの写真は、思考をうながし、感情を動かす。憲法は私たちのものですよと語りかけてくる。

「われらは、全世界の国民が、ひとしく恐怖と欠乏から免《まぬ》かれ、平和のうちに生存する権利を有することを確認する」という条文の横にあるのは、射貫《いぬ》くような子どものまなざし。子どもたちに私たち大人は嘘をついていないだろうか。

「すべて国民は、個人として尊重される」という条文の横には、社会において「障害者」と呼ばれている人たちが抱き合う姿。彼らの姿を見て、尊重するとはどういうことかと自問する。

写真に写るそれぞれの人たちの存在には嘘がない。彼らの姿を見ていると、国民の権利を手放してはいけないという気持ちが強くなる。そのための責任を果たさなければという気持ちも。

戦後七十余年、いまこそ必要な一冊ではないだろうか。

（西日本新聞　２０２２・７・２）

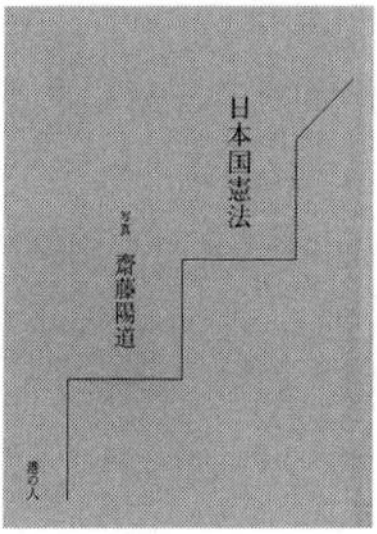


『日本国憲法』
齋藤陽道写真
港の人

『日本国憲法』　齋藤陽道写真

# 未だに血を流す体と心

書くことが好きだった咲歩は何も書けなくなった。7年前に起きた性被害が彼女の「声」を奪ってしまったからだ。被害の記憶から逃れられない咲歩が「こんなのはおかしい」と、週刊誌に告発をするところから物語ははじまる。

加害者は、咲歩が通っていた小説講座の講師月島。講座から芥川賞作家を輩出していることもあり、カリスマ講師と呼ばれている。当事者の家族、講座の受講者たち、かつての教え子、さらにはSNSの声……告発は周囲の人間に波紋を投げかけ、それぞれの立場で「正しい」と思っていることを述べはじめる。さまざまな「声」が描かれることで加害の背景が浮き彫りになり、被害の痛みが顕わになる。

被害者は自分が壊れないために理由を探す。時間をつくってくれたのだから。部屋までついてきたのは私なのだから。たいしたことじゃないのだから。月島は自分を擁護するために言葉を並べる。暴力を振るったわけではないと言い、レイプを様々な言葉に変換する。小説的関係。対話みたいなもの。あげくには「僕の解釈では、同意はあった」などと。

「事実」に対しての考え方はそれぞれにあるということを、本作は克明に描き出していく。月島こそ被害者だと言う人さえ世間にはいるだろう。だからこそ、私たちは冷静に「真実」を見極めなければと思う。

同様に被害を受けた小説家の小荒間は、私は彼に生皮を剝《は》がされ、体と心は未《いま》だに血を流している、と言う。これはまぎれもない「真実」であろう。


（西日本新聞　2022・8・6）

『生皮
あるセクシャル
ハラスメントの光景』
井上荒野著
朝日新聞出版

『生皮』　井上荒野著

# 時空を超えて届く声

繰り返しそこへと戻る一日や一瞬を、誰もが持っている。けれども、その特別な時間については容易には語れないし、誰にも話せないこともある。その声を聞き取る術を持つのが小説家ではないだろうか。

１９４４年、第2次世界大戦の対アメリカ戦局の激化に伴い、当時千人あまりが暮らしていた硫黄島の住民は、強制的に内地に送られ、疎開の対象から外れ現地徴用された男性のほとんどは戦死する。以来、元住民は帰島していない。だが、本作は戦闘を描くために語られてはいない。物語は過去と現在を行き来する。祖父母の故郷である硫黄島を墓参で訪れたことがある妹・三森来未《みつもりくるみ》に、ある日見知らぬ男から電話がかかってくる。同じ頃、兄・横多平《よこたたいら》（両親の離婚により名字が異なる）には、蒸発し既に亡くなっているはずの祖母の妹・皆子からメールが届くようになる。

語る人が、次々と変わりゆく物語である。戦争で島を出た祖父母たち。島と運命をともにした人々。現代を生きる兄妹。彼らの言葉は寄せては返す波のようにつながっており、彼らが時空を超えて交流したとしてもそこに違和や恐怖はなく、むしろあるのは親しみと懐かしさ。読む私さえ、彼らとともに島に流れる時間の中に没入している。戦争が破壊した日常に。

「たとえば横多くん、君がいまそこから見ている海も、どこか遠くにつながっているのかもしれないよ」と皆子は言う。生者と死者のへだたりはいつしか消え、語られなかった記憶ですら私たちは受け取っているのだ。

（西日本新聞　2022・9・3）

『水平線』
滝口悠生著
新潮社

『水平線』　滝口悠生著

# 母語ではない言葉で書くこと

１９８４年、著者は社会主義政権下のルーマニアに生まれ、混乱したポスト社会主義の中で少女時代を過ごした。その生年は１９８６年のチェルノブイリ原発事故にも影響を受けていることを示す。

幼い頃、彼女は祖父母のいる村で暮らし、父母は町で労働者として暮らしていた。祖父母がつくった野菜を食べ、新鮮な牛乳をのみ、摘《つ》んだ野草を食べる。庭や畑や森を舞台に、記憶は映画の一場面のように脳裏に刻まれている。言葉で表現されているのに、まるで見ているかのように読み手にもその村の映像が浮かぶ。彼女の見る夢の話もそうだ。夢はさらに幻想的で、悲しく、美しく、恐ろしい。記憶が遺伝子を通過して、夢となり表出しているのだろうか。チェルノブイリの雲は彼女が遊んでいたカモミール畑まで来て、見えない暗い毒を浴びせた。彼女は自分の身体を森や祖父母の家の一部のように感じているのに、その毒や、両親が独裁政治から受けた恐怖が、のちに彼女の身体を蝕む。「社会主義とは、宗教とアートと尊厳を社会から抜き取ったとき、人間の身体がどうやって生きていくのか、という実験だったとしか思えない」と彼女は言う。
川端康成の『雪国』との出会いが彼女を日本へと向かわせ、人類学者となった現在も日本に暮らしているそうだ。母語ではない言葉で書くことによって、彼女は語るための言葉を獲得した。読後には、恐怖ではなく、雪片のような美しさが残る。

（西日本新聞　2022・10・1）

『優しい地獄』
イリナ・グリゴレ著
亜紀書房

## 『優しい地獄』　イリナ・グリゴレ著

# ささやかな思い出も歴史に

「昭和のくらし博物館」は生活の歴史を研究してきた館長・小泉和子さんのもと自宅。暮らしの器である家を、家財も含め「そっくり残し」たそうだ。

ある日、博物館に玩具一式の入った箱が届く。ふたを開けると、かすかに樟脳《しょうのう》の匂い。ままごとの道具や抱き人形、おはじき……昭和の時間があふれ出す。なかでも私がぐっときたのは、カステラが入っていたと思われる木箱の中の人形の家。眺めていると持ち主だった姉妹の声が聞こえてきそうで、じんわりと胸の奥が温まってくる。しかも、「カステラハウス」に設《しつら》えられた本棚には、私が子どもの頃に読んだ本のタイトルがいくつかあって感慨深い。

それらは博物館で展示され、持ち主の記憶の物語が本書となった。展示を担当されたのは漫画家の高野文子さん。裁縫と木工が趣味だそうで、資料のひとつひとつが愛情込めて補修されている。キセカエ人形はね、人に聞こえないように小声で、「さわらせてね」って言ってからつまみます、と高野さんは語る。キセカエ人形は親子三代にわたっての遊び相手だそう。慈しまれた玩具たちには、記憶が宿っているのではなかろうか。姉妹の一人、いずみさんの写生画の裏面には大人の筆跡で「この絵はよくかけているので、とっておいてはどうですか」と書いてあったという。

最近、「片付けなさい」とか「捨てなさい」という声がやたらと大きい。とっておけば、個人のささやかな思い出もいつしか歴史になるというのに。

（西日本新聞　2022・11・5）

『いずみさん、とっておいてはどうですか』
高野文子／昭和のくらし博物館著
平凡社

『いずみさん、とっておいてはどうですか』　高野文子／昭和のくらし博物館著

# アフガニスタンの女性を覆うもの

「この作品集には重要な部分が欠けています。それは『作家紹介欄』です」と後記にある。アフガニスタンの女性作家18人が書いた短篇集だからだ。この作品はタリバンが2021年に政権を奪還する前に書かれており、以降は女性への抑圧がさらに強まっている。教育の機会を奪われ、ブルカの着用を義務づけられ、単独での遠出を禁じられた。命を危険にさらしてまで、彼女たちはなぜ書き続けられるのだろうか。

収められた23の短篇には、悲しみや苦悩が詰まっている。思わず目をそらしてしまいたくなる物語もある。結婚式での自爆テロ、命がけの通勤、家庭内暴力、貧困。どれも日常生活のなかで起こること。彼女たちを覆うのはブルカだけでなく、女性嫌悪や家父長制、暴力を含む抑圧に生活全体を覆われている。しかし彼女たちのペンは同時に希望も描く。カブールの学校で自爆テロのトラックが爆発し、少女が多数殺された事件に材をとり書かれた物語はまさにそう。「わたしたちは闘いの苦しみをものともしないで勇気を示さなければならないのだ」と、友人をテロ行為で亡くした主人公の少女は語り、事件が起きた学校へと向かう。

彼女たちに連帯を示せるとすれば、それは彼女たちの言葉を読むことだろう。表紙の写真は顔の見えない女性。全身を覆う青いブルカは風で少しふくらみ、鳥の翼のように見える。私たちは、羽根の一枚となるために読まなければならない。

（西日本新聞　2022・12・3）

『わたしのペンは鳥の翼』
アフガニスタンの女性作家たち著
古屋美登里訳
小学館

『わたしのペンは鳥の翼』　アフガニスタンの女性作家たち著

## 「普通」からはみだす人々を肯定

「ふたりたち」は「ひとり」と「ひとり」なのだな、と思いながら読んだ。親子も夫婦も友人同士も。

「自分はひとりだなあ、という人が、さみしくならないような本を作りたかった」と写真家の南さんは語る。写真と文章で紡がれたのは、12通りの「ふたりたち」の物語。撮影中の南さんは、なんだか空気のような存在に見える。何かを聞きだそうとか、真実を映し出そう、とか大仰なことも考えていないだろう。だから、彼女の写真には言語化できない「よきもの」が写っており、被写体からは素の言葉がこぼれだしている。

テント生活をしている79歳の上田さんと、空き缶回収を仕事にしている70代のTさんとは、ホームレス支援の活動の場で知り合ったという。もうすぐ12月になるという頃、上田さんはテントを張っている場所から行政の命令で出ることになり、そこから電車で1時間の住まいに移る。その街にTさんと一緒に南さんが訪ねて行くと、上田さんが

「おれなーんでこんなとこ来ちゃったんだろう」とふともらす。「こんなとこ」という言葉に上田さんの人生が重なって見える。「ひとり」同士の彼らは、「来ちゃった」場所にまた集うはず。

自分ってこんな顔するんだなあ、と撮られた写真を見て思った末期癌患者のやまさんは、もういない。彼女は「写真って、生き方を肯定してくれたりもするんだねー…」とも言った。この本に登場する、世間で言うところの「普通」からは少しはみだしているかもしれない人々も、みな確かに肯定されている。

（西日本新聞　2023・1・7）

『ふたりたち』
南阿沙美著
左右社

『ふたりたち』　南阿沙美著

# 重なり合う死者の声に耳を傾け

死んだことがないから、私たちは誰も自分の人生のすべてを語り得ない、では死者はどうだろうか。

「野原」と呼ばれる墓地のベンチに座り、毎日のようにもの思いにふける老人がいる。死者たちの語る声を聴いていると信じており、その声は鳥のさえずりや虫の羽音と同じようにはっきりと聞こえるが、意味を成すことはないという。

語るのは、パウルシュタットという架空の町に生きて死んだ、29人の死者たちで、語り口はさまざま。断片を積み重ねて語る人、たった一言、罵りの声をあげる人、気持ちのずれに気づかずに墓を訪れた妻と対話する夫。共通するのは、体温のなさだ。平凡で小さな町だが、司祭による教会への放火や、池で溺れ死んだ子供――といった、町の人々の共通の記憶になるいくつかの事件も起きる。

「人間のすることなど、どこでも同じだ」と新聞記者だった男が語るように、町は私たちが生きる社会の縮図でもあり、声の背後には、戦争や汚職といった、大きなものに翻弄された人々の姿も見えてくる。死者の声は次第に輪唱のように重なり合い、町の全体像を表していくのだが、取るに足らない人生のつらなりに耳を傾けているうちに、生の肯定をうながされ、死を受容する気持ちになった。

　レニエという変わり者の男が、誰もの記憶の片隅にいるのだが、本当のところどんな人間だったのかは誰にもわからない。その「わからなさ」の存在が許されていることに安堵した。

（西日本新聞　2023・2・4）

『野原』
ローベルト・
ゼーターラー著
浅井晶子訳
新潮社

# 寂しい時も悲しい時も

寂しい時も悲しい時も、生きている限り、人は食べないわけにはいかない。

著者の大平一枝《おおだいらかずえ》さんが訪ねる台所の主は著名人ではなく、市井《しせい》の人。自宅を訪ね、台所の写真を撮り、食事にまつわる話を中心に据えながら取材を進めていく。「東京の台所」3冊目のテーマは「喪失と再生」だ。

ネグレクトの親と縁を切り、小さな古いアパートで一人暮らしをしている女性の台所には、やけに大きな冷蔵庫がある。長く生活保護の窓口を担当していた故郷の市役所職員が、こっそり中古で譲ってくれたものだ。セクシュアルマイノリティーの仲間同士でルームシェアをする男性が料理の手引きとしているのは、亡き母の愛読書『おそうざいのヒント365日』。6年前に妻を亡くした86歳の男性は三食自炊をしている。自分で食べる分くらい自分でやらなくてどうするって思いますね、と彼は語る。

職業や家族構成は書かれているが、写真には顔が写っていないし、名前も書かれていない。匿名性が高いのに語り手の個性がありありと浮かび上がるのは、台所という場所はひとつとして同じではなく、人生を語り得るからだろう。食を生み出す場所は、記憶の源泉でもある。

夫を亡くしたばかりの女性は語る。「でもね、こんなに悲しくても料理だけはやると落ち着くんだよね。作ったら食べなきゃだし、ちゃんとお腹がすく」。

食べてさえいればなんとかなる、そう思えた。

（西日本新聞　２０２３・３・４）

『それでも食べて生きてゆく　東京の台所』　大平一枝著

『それでも食べて生きてゆく　東京の台所』
大平一枝著
毎日新聞出版

# それぞれの孤独

ノアは記憶の中に生きている。回想に登場するのは、すでに死んでいる父母と、おそらくこの世にいないオーパルという女性。彼女は精神を病み、療養所に入れられていた。ノアも精神をいくぶんか病んでいるようだ。現実の世界では、マックスという青年と猫がときおり訪ねてくるだけで、年老いたノアは一人静かに暮らしている。

「いとしいノア」と呼びかける、一葉の写真のようなオーパルからの手紙。父ヴァージルが語る、どこかユーモラスな物語。マックスとの静かな会話。つれづれに語られる記憶は断片で、読み進めるまでは、彼らとの関係性は靄《もや》がかかっているように判然としない。ただ、最初からはっきりと存在しているのは、ノアの声から聞こえてくる哀《かな》しみと深い喪失感。インディアナの土地が持つ哀しい記憶——インディアン戦争で流された夥《おびただ》しい血——も物語の底に沈殿している。

ノアとオーパルの無垢な精神と狂気が私たちの世界で異質とされるのは、見える世界が私たちと違っているから。それぞれの孤独が彼らを結びつけた。
失ってかまわないものに対して喪失感は抱かない。喪失を抱えている人は、同時にかけがえのない記憶も抱えているということ。波打ち際に押し寄せる波のように哀しみが満ちるのに、抗いようもなくこの小説に心惹かれるのは美しいからに他ならない。ノアが集めた哀しみは、思い返すことで結晶化し、きらめいている。

（西日本新聞　2023・4・1）

## 『インディアナ、インディアナ』　レアード・ハント著

『インディアナ、
インディアナ』
レアード・ハント著
柴田元幸訳
twililight

# あとがき

本著に収めた本の紹介文のうち60本は、2018年4月から2023年4月までの間に西日本新聞に連載されたものだ。4人の書店員が交代で本をすすめる週1回の連載コーナーで、いまも続いている。連載のきっかけをくださったのは、西日本新聞の野中彰久《あきひさ》さん。福岡から熊本までわざわざ店を訪ね、書評連載の依頼をしてくださった。野中さんに、こうして一冊にまとまったものを見ていただけないのが残念でならない。野中さんは、2020年9月に急逝された。西日本新聞が発行する登山雑誌の編集長をされていたときのことで、登山中の事故だった。

それぞれの文章を書いている間、大きな出来事がいくつもあった。コロナ禍に、ロシアのウクライナ侵攻……、安倍元首相銃撃事件は記憶に新しいところだ。

収束したとは言えないまでも、コロナ禍で激変した生活は、以前の状態に戻りつつある。ずいぶん会っていなかった遠方に住むお客さんが、最近では顔を見せてくれるようにもなった。「小学生の頃から店に来ていました」というお客さんが本著に登場するのだが、先だって彼女も久しぶりに店を訪ねてくれ、自分でつくったＺＩＮＥに橙書店のことを書いたのだと手わたしてくれた。表紙には、「世菜」と、彼女の名前がそっと置かれている。そこには、世菜さんが大人になる前の記憶が店を通して語られており、「膨大な言葉の唸る音に耳をすませた記憶」という一文が印象的だった。その記憶は、書棚の本がつくった記憶だ。

本著が店の書棚と同じような役割を果たせたらいいなと思う。改めて読むと自分の文章のつたなさが目に付き、すっかり書き直してしまいたい気持ちを抑えながら手直しをしたのだが、紹介したそれぞれの本を再読したいような気持ちにもなった。文章はつたなくとも、すすめた本を読んでほしいという気持ちは確かなのだ。

ここに登場するすべての本をつくった方々と、野中さんをはじめ、書くことを促してくださったすべての方々に感謝申し上げます。本著を読んでくださる読者の方々が、ここに登場する本を一冊でも読みたくなってくださいますように。

２０２３年　春

田尻久子

## ま 行



## や 行



## ら 行



## わ 行

## さ 行



## た 行

# 著編訳者名索引

## あ行



## か行

# 初出一覧

## I　草木のように自生する棚があったなら

＊「本のある場所」『ユリイカ』2019年6月臨時増刊号　青土社
＊「本は絶滅しない」『アステイオン』91号　2019年12月　CCCメディアハウス
＊「いつも通り」『文學界』2020年5月号　文藝春秋
＊「手わたす」（「場所がつなぐ」改題）『文藝春秋』2020年4月号　文藝春秋
＊「書店からはじまるフェミニズム」『シモーヌ』VOL.5　2021年11月　現代書館
＊「新しい場所」『アルテリ』11号　2021年2月　アルテリ編集室
＊「国境を越える蝶」『交流する文学』2021年3月　熊本県立大学文学部
＊「ことばの記憶」『母のひろば』670号　2020年3月　童心社
＊「愛することを忘れそうになったときに読む本」
『大人のおしゃれ手帖』2016年1月号　宝島社
＊「最後の読書　本屋の死に方」『週刊朝日』2020年2月21日号　朝日新聞出版
＊「『ことば』よりもっと必要なもの」（「詩人でもなく、ジプシーでもなく」改題）
『季刊び一ぐる』2号　2009年1月　澪標
＊「本をすすめる」書き下ろし
＊「読書日記　ゆく年くる年」書き下ろし

## II　橙書店の本棚から

＊「『普通の家族』とはなんだろう」〜「日常と非日常とのあわい」
『暮しの手帖』2020年2-3月号〜2023年6-7月号　暮しの手帖社
＊「『老化』から目を逸らさず」『週刊SPA!』2023年2月21-28日合併号　扶桑社
＊「封印されてよい声などない」〜「黙らずに『考えること』促す」
『熊本日日新聞』2018年5月27日〜2022年10月23日　熊本日日新聞社
＊「さびしくて奇妙な三角関係」〜「それぞれの孤独」
『西日本新聞』2018年4月28日〜2023年4月1日　西日本新聞社

## 田尻久子

（たじり・ひさこ）

1969年、熊本市生まれ。「橙書店 オレンジ」店主。会社勤めを経て2001年、熊本市内に雑貨と喫茶の店「orange」を開業。2008年、隣の空き店舗を借り増しして「橙書店」を開く。2016年より渡辺京二の呼びかけで創刊した文芸誌『アルテリ』(年2回刊)の発行・責任編集をつとめる。同年熊本地震被災後、近くに移転し再開。2017年、第39回サントリー地域文化賞受賞。著書に『猫はしっぽでしゃべる』(ナナロク社)、『みぎわに立って』(里山社)、『橙書店にて』(晶文社、2020年熊日出版文化賞)、『橙が実るまで』(写真・川内倫子、スイッチ・パブリッシング)がある。


これはわたしの物《もの》語《がたり》
――橙《だいだい》書《しょ》店《てん》の本《ほん》棚《だな》から

2023年8月8日　初版第1刷発行

著　者　田尻久子
発行者　柴田建哉
発行所　西日本新聞社
〒810-8721　福岡市中央区天神1-4-1
TEL 092-711-5523（出版担当窓口）
FAX 092-711-8120

ＤＴＰ　増井善行（西日本新聞プロダクツ）
印刷・製本　シナノパブリッシングプレス

定価はカバーに表示してあります。
落丁本・乱丁本は送料当社負担でお取り替えします。



ISBN 978-4-8167-1008-7　C0095

西日本新聞オンラインブックストア　https://www.nnp-books.com/